Conexión

Jorge Martínez Moyar

CONTENIDO

AGRADECIMIENTOS

A mi esposa, por su apoyo incondicional.
A mis hijos, por ser mi inspiración.
A mi papá, por haberme enseñado el valor del trabajo y a desarrollar mi
persona antes que mi empresa.
A mi equipo, porque sin ellos sería imposible avanzar.
Al equipo de Strategic Coach, que me ha enseñado a descubrir mi
habilidad natural (Unique Ability); en especial a Dan Sullivan, por
compartir conmigo su sabiduría.
Al Dr. José Ernesto Bolio, que me me ha inculcado la importancia de
tener estructura en la vida.

Gracias.

EPÍLOGO

Como el menor de 9 hermanos, aprendí desde pequeño que si quería alcanzar todo lo que soñaba lograr en la vida, iba a ser necesario invertir mi tiempo y esfuerzo en planes concretos, con un propósito bien definido. Evidentemente no siempre tuve las metas claras, pero conforme fui creciendo también fui desarrollando la capacidad de enfocarme, sacrificando algunos deseos con tal de alcanzar los más grandes. El primer objetivo claro que recuerdo haberme trazado fue el de viajar por el mundo; muchas cosas fueron las que tuve que alinear para asegurarme de cumplirlo en cuanto terminara mi carrera profesional, desde límites económicos y sociales hasta la realización de actividades que no llenaban del todo mis ambiciones. Acostumbrados a escuchar o leer grandes historias de éxito, un viaje por el mundo pudiera sonar poco trascendente en comparación, pero para mí fue el inicio de un camino en la perseverancia, la preparación y la determinación; una prueba clara de que todo objetivo es alcanzable, y que cada propósito alcanzado está lleno de nuevas oportunidades que, bien aprovechadas, pueden trazar la ruta hacia nuevos horizontes. Lo que cuento a continuación es el inicio de un viaje, marcado por la dedicación y las relaciones personales, que sigue ambicionando nuevos destinos.

El entorno económico de mi familia no era muy favorable. Alimentar, vestir y educar a 9 hijos limitaba bastante el apoyo financiero para proyectos fuera del cajón de lo básico; pero esa misma realidad, impulsada por el afecto y la motivación constante, nos abrió la puerta a cada uno para que buscáramos nuestro propio camino. Fue así como, a mis quince años, decidí comenzar un sistema de ahorro basado en la compraventa. Mi primer paso fue viajar a San Antonio. Había escuchado que en Texas la crianza de ciertas razas de perros representaba una oportunidad de negocio para quienes vivimos del otro lado de la frontera, así que me aventuré a traer algunos Shar Pei que después crucé y vendí para empezar a llenar el cochinito. Para el año 92, después de dos años y ocho meses de que el negocio comenzara a dar frutos, y habiendo completado mi Licenciatura en Administración de Empresas, tenía $12,000 USD ahorrados (lo que ahora serían unos $22,000 dólares). Con esto, lo que hasta entonces parecía un sueño, ahora empezaba a convertirse en un plan.

A lo largo de seis meses llevé la planeación con ayuda de una agencia de viajes, me preparé económicamente limitando mis gastos para mantener e incrementar mis ahorros, y fui decidiendo los lugares que quería visitar y las razones que sostenían esos deseos; un proceso mental guiado por la determinación. La vendedora de la agencia desde un inicio me trató con cierta distancia, como si no creyera que mi viaje fuera serio, y mis papás (por más que quisieran hacerme sentir motivado) se referían constantemente a mis planes como "una fantasía". Pero eso, en lugar de detenerme, alimentó mis ganas de lograrlo. A los 21 años, con el pecho inflado y gran orgullo, llegué a la agencia con mi dinero en efectivo para pagar el viaje de mis sueños, una demostración personal de que nada ni nadie iba a detenerme para conseguir mis objetivos. Lo que vino después fueron aprendizajes, experiencias que forjaron mi personalidad y mis capacidades como vendedor, y el desarrollo de los pilares sobre los que construí el negocio que, después de 20 años, sigo creciendo.

Mi viaje de ensueño comenzó en el continente europeo, en 1993. Primera parada: Londres. Para mí era importante conocer de qué forma funcionan las ciudades top del planeta desde sus entrañas, y con ese anhelo busqué las oportunidades para conocer a los emprendedores emergentes y aprender de empresarios poderosos. Lo que más me impresionó al interactuar con ellos fue su capacidad de apertura y las actitudes que toman frente a las relaciones para establecer conexiones humanas profundas, capaces de sostener no solamente un triunfo profesional, sino los anhelos vitales que los mantienen enfocados.

Muchísimo que agradecer a Londres, pero para seguir aprendiendo había que seguirse moviendo. Mi boleto de avión me permitía viajar ilimitadamente por el mundo (bajo ciertas condiciones), así que con sólo $6,000 dólares tuve la posibilidad de mantenerme en movimiento y situarme frente a un horizonte multicultural impresionante. Una de las paradas más importantes de mi viaje fue en los países de Europa del este, particularmente en Hungría. Si todo buen viaje debe tener al menos una desventura, debo decir que este viaje supera cualquier expectativa: en Hungría viví uno de los momentos más angustiantes de mi vida.

Para mi visita a este país, yo había tramitado, como es debido, una visa temporal de turista, así que no tuve ningún problema para entrar y presenciar la unión de distintas culturas completamente ajenas a mis tradiciones que tiene lugar en esta tierra. El viaje fue enriqueciéndose conforme fui avanzando y la curiosidad me llevó a la frontera con su país vecino. Con una sed de aprendizaje insaciable y una inocencia de la que hasta entonces no era consciente, decidí cruzar a Rumania para continuar la aventura. Para no detallar decepciones, sólo diré que mi paso por Rumania no fue lo que esperaba. Después de un par de días aferrado a sacar provecho del viaje, entendí que lo mejor era regresar a Hungría; por lo menos eso pensaba. Al intentar cruzar la frontera de regreso, me enteraron de que mi visa permitía únicamente una entrada y una salida del país, situación que no sería grave si no fuera por los problemas fronterizos en los que estas dos naciones se debatían. Me di cuenta de que estaba en problemas cuando me apuntaron con un arma en la cabeza para cuestionar mis intenciones. Yo no debía nada, pero el dicho "el que nada debe nada teme" no aplica en casos como este. Tener un arma de frente amenazando tu vida no necesita más razón para sembrar el pánico. Después de varios intentos por demostrar que se trataba de un descuido y que en realidad no tenía ninguna mala intención con mis acciones, logré convencer a las autoridades no solamente de que me dejaran libre, sino de que me permitieran ingresar de nuevo a su país. Visto en retrospectiva creo que ha sido la prueba más grande para mis capacidades de negociación, después de todo seguir con vida no es un logro que deba pasar por alto. La lección era clara: las relaciones humanas determinan un altísimo porcentaje del éxito, no solamente en los negocios, sino en la vida misma. Aprendizajes tan concretos y didácticos no se obtienen todos los días.

Después de sacudirme el estrés y la angustia que me duró algunos días, seguí mi viaje hacia la India, donde se presentaría la pequeñez como aprendizaje central. Seis semanas como backpacker y un par de noches durmiendo en la calle sirvieron para acentuar el contraste del encuentro con una cultura ancestral riquísima en todos los aspectos. Estar de pie frente al Taj Mahal redimensionó mi noción de humanidad y abrió la puerta a reflexiones que me ayudaron ser consciente de lo pequeños que somos frente a la historia, la tradición y los logros colectivos que como especie hemos alcanzado. En perspectiva, no existe nada tan trascendente como el amor entre los seres humanos, y nada tan diminuto como nuestros problemas personales. En tierra de comerciantes, me enamoré de la cultura, sus monumentos y sus tradiciones; pero sobre todo caí rendido ante la grandeza que suponemos como humanidad, y la pequeñez necesaria para formar parte.

Singapur fue mi siguiente parada. Como aprendizaje hecho a la medida para complementar mi aventura anterior, en esta tierra encontré el valor que puede llegar a representar la determinación de una sola persona, con el esfuerzo de miles que se convenzan. Una ciudad levantada calle por calle desde las ruinas no podía ser obra sino de comerciantes comprometidos y una fuerte apuesta por la tecnología, todo guiado por la planificación y determinación de su líder. Frente a mis ojos se abrían inmensas oportunidades de comercio, pero mi hambre de experiencias no dejaba de crecer: era momento de partir.

Me dirigí después a Japón, sitio en el que conecté fuerte con mi tierra, pero no precisamente por razones amables: En México las cosas estaban de arriba para abajo: corría el año 93, Carlos Salinas de Gortari estaba terminando su sexenio, el peso había perdido tres ceros y la incertidumbre se respiraba incluso en la prensa internacional. Para mantenerme enterado, todos los días visitaba la embajada mexicana en busca de novedades. Si quería tener un modelo de negocios funcional, era necesario estar al tanto de todo lo que estaba sucediendo: ¿sobre qué realidad tendría que construir mis anhelos? Más allá de la belleza expuesta en el orden y lo trascendental de la cultura oriental, Japón representó para mí un golpe de realidad; el despertar de una necesidad imperiosa por planear al detalle todo lo que necesitaba para que mi regreso a México estuviera a la altura de mis expectativas.

Siempre he pensado que se planea mejor en movimiento, y además ya tenía un itinerario, así que no era buen momento para detenerme. Llegué a Hong Kong, sin duda una de las cumbres de mi viaje; el espacio en el que pude emplear algunos de los aprendizajes que fui coleccionando y echar a la mochila muchos más. Una invitación a pasar el 16 de septiembre en casa del embajador me puso cara a cara con gente maravillosa que no tenía idea de quién era yo. Ellos venían de los mejores hoteles, cargados de lujos y extravagancias, mientras yo me quedaba en un hostal de $3 dólares la noche; ellos tenían la vida resuelta, yo intentaba resolverla paso a paso. Nada de eso me detuvo, yo quería aprender y sabía que ellos tenían el conocimiento que necesitaba para seguir adelante con mis ideas de negocio. Me pasé la noche sacando provecho de mis capacidades, disfrutando buenas pláticas y generando conexiones reales con quienes jamás pensé llegar a conocer. La última parada antes de mi temporada de relajación resultó encajar de alguna manera con mis necesidades de planeación. No cabe duda, la disposición también es determinante para llegar al sitio soñado. Terminé triunfalmente mi recorrido en Australia y Nueva Zelanda, a un ritmo más tranquilo y dándome espacios importantes para la reflexión. Generar conexiones reales con otras personas se había vuelto ya tan natural que me fue fácil conocer gente linda que me presentó su cultura y enriqueció mi visión de negocios. México me esperaba con un final inesperado.

De regreso en mi tierra, a los pocos días de aterrizado, fui invitado a emprender un viaje distinto. El destino: la prisión de mujeres en Lexington, Kentucky. Se trataba de un voluntariado que tenía como finalidad compartir la Navidad. El contraste era evidente: después de un recorrido extraordinario por el mundo, caminar los pasillos de una prisión y convivir con personas cuyas decisiones se habían convertido en límites permanentes resultaba revelador. Valoré mi libertad más que nunca, atesoré los aprendizajes que encontré en el camino y decidí conscientemente perseguir las ideas que tenía para mi futuro. Era momento de volver a México, poner sobre la realidad todos mis planes y comenzar a levantar mis anhelos desde el suelo.

Como individuos, en una sociedad como la que vivimos, es importante tener en cuenta que nuestra actitud hacia las circunstancias y la realidad que nos rodea es lo más importante para conseguir nuestros propósitos. Las conexiones que vayamos generando con otras personas a lo largo del camino nos ayudarán a conocernos mejor, encontrar nuestras fortalezas y triunfar, tanto personal como profesionalmente. Lo primordial para poder lograr nuestros objetivos es la preparación, la determinación y el estar presentes en el momento. Espero que este libro te ayude a desarrollar tus capacidades y que logres conseguir todos tus objetivos de vida.

Jorge Martínez Moyar

INTRODUCCIÓN

Cuando escuchamos hablar de un emprendedor exitoso por lo regular imaginamos a una persona persuasiva, con buena comunicación, temple de acero e imagen impecable; un hombre o mujer que ha creado una extensa red de contactos y sabe manejar perfectamente sus emociones para llevar a sus clientes hasta el punto de cerrar el trato. Y sí, todas esas son características que pueden mejorar el desempeño comercial de un emprendedor, pero no se trata de dones extraordinarios que algunos tienen y otros no pueden alcanzar, sino de habilidades que cualquier persona puede desarrollar - o incluso de las que puede prescindir - cuando ha llevado a cabo el proceso necesario para generar una conexión con su prospecto. Todo se trata de la conexión. Al final del día, las técnicas de acercamiento, lenguaje corporal, manejo de las emociones, relaciones personales y facilidad de palabra representan sólo las pinceladas finales de la obra, detalles que no podrían llegar al lienzo sin un proceso adecuado y la generación de una conexión real con nuestros prospectos.

Este libro propone un procedimiento detallado para transformar tu enfoque actual y hacer que el logro de objetivos se convierta en parte de tu ritmo de vida como una consecuencia natural, y no como una meta lejana tras la que inviertas esfuerzo, tiempo y dinero innecesarios. Sus páginas podrían dividirse en dos partes que conforman el proceso completo: primero, el trabajo profundo de la persona; después, la fórmula del emprendedor, todo con el objetivo claro de facilitar la generación de conexiones.

DE LA CARRETA A LA GUÍA

Antes de comenzar y para dejar claro qué sí y qué no puede hacer este libro por ti, quiero hablar brevemente sobre su función esencial: coaching.

Estamos tan acostumbrados a escuchar la palabra coaching que difícilmente nos hemos detenido a pensar de dónde viene, y no es que esto sea un impedimento para poder vivirlo o que vaya a tener un mejor efecto en nosotros si sabemos todos los detalles de su nacimiento, pero al menos a mí me resulta más sencillo comprender un término cuando conozco su origen, por eso lo comparto.

El "Coach", que hoy conocemos como entrenador o asesor, tiene su origen en una imagen bastante más literal. Situémonos en Hungría, siglo XV. Viajar no era para nada comparable con la comodidad de los asientos reclinables y el aire acondicionado que tenemos hoy. Entonces, en un pueblo de nombre Kocs, a orillas del Danubio, decidieron transformar la experiencia de viaje en algo más placentero. Así nacieron los carruajes de Kocs (Kocsi szekér), el medio de transporte más cómodo de la época, que en español, más adelante, llamaríamos coche.

El coche nos transporta de un lugar a otro de forma más rápida, cómoda y eficiente, pero no puede decidir hacia dónde llevarnos. De igual forma, el coach es esa persona que hace más ligero nuestro viaje. No se trata de alguien que vaya a cambiar nuestro destino o a modificar el camino por donde debemos ir; es, simplemente, un medio para llegar más rápido y de manera más placentera al lugar en el que queremos estar.

Este libro representa de alguna forma eso mismo: una serie de pasos, conocimientos, reflexiones y ejercicios que facilitan tu transportación del lugar en el que estás hacia el lugar al que quieres llegar.

AHORA SÍ, ¿QUÉ TIENE EL LIBRO PARA TI?

Como todo en la vida y en las ventas, lo concreto atrae y lo ambiguo espanta. A continuación, te dejo una lista de conceptos que podrás desarrollar a lo largo de este proceso para empezar con conocimiento de hacia dónde vamos:

- Obtendrás la información necesaria para alcanzar el equilibrio integral de tu día a día como preparación hacia la obtención de tus objetivos.
- Ubicarás tu momento actual para partir con lo mejor de tu pasado a encarar el futuro inmediato.
- Tendrás un perfil idóneo de tus clientes potenciales para que puedas enfocarte en conectar con ellos.
- La inversión de tus recursos será más eficiente.
- Serás capaz de desarrollar una imagen y voz que representen la esencia de tus servicios de manera auténtica, diferenciada y funcional.
- Tendrás una bitácora con las acciones necesarias a seguir para conseguir tus objetivos a 90 días.
- Contarás con las herramientas que la fórmula Yellow propone para incrementar considerablemente tu promedio de ventas con relación a los prospectos atendidos.
- Habrás definido un proceso personal que te lleve a identificar la mejor forma de conectar con cada persona.

PRIMERA PARTE

EL DESARROLLO INTEGRAL COMO CATALIZADOR DE OBJETIVOS

Nuestra vida está dividida en distintas facetas. Desde las actividades a las que dedicamos menos tiempo hasta los esfuerzos en los que invertimos años, todo movimiento está relacionado con una parte fundamental de nuestra vida. Por definirlas de alguna forma, les llamaremos pilares, y para no desglosar nuestra vida como si fuera el menú de un restaurante, los dividiremos en 4: personal, profesional, físico y espiritual. Cada uno de estos pilares puede tener subdivisiones casi infinitas, pero por ahora nos quedaremos con su definición esencial.

El equilibrio de los 4 pilares es vital para poder avanzar hacia nuestra realización. No importa hacia cuál de nuestras facetas se incline el objetivo, al final, el proceso para alcanzarlo comprende todos los pilares, porque no podemos crecer en uno sin afectar al otro. Somos seres integrales: mientras mayor estabilidad y control tengamos sobre el estado de nuestros pilares, mucho más sencillo se hará el viaje hacia nuestro crecimiento, lo que a su vez nos permitirá conectar con los demás de una forma natural y traerá como consecuencia el establecimiento de vínculos profundos que nos acerquen al desarrollo profesional que en este caso buscamos.

Para ilustrar de forma más clara cómo se conjugan las distintas áreas de nuestra persona en el día a día, plantearemos un caso sencillo con el que podamos identificarnos. Digamos que tienes una cita importante para atender a un cliente el martes por la mañana, pero el domingo a medio día recibes un mensaje en el que te dice que su agenda se complicó y sólo puede recibirte el lunes por la mañana. Tú consideras importante la reunión con el cliente, porque forma parte de tu planeación profesional de objetivos, así que decides cambiar tu plan del domingo. Hablas con tu hijo y le comentas que surgió un inconveniente, por lo que ya no vas a poder acompañarlo a su torneo de Tae Kwan Do. A tu esposa no le parece el cambio de planes, y aunque tu hijo no te dice nada, en el fondo sabes que se siente decepcionado, pero todo sea por alcanzar el objetivo. Tu familia se va y tú trabajas en la propuesta del prospecto. Llega la hora de comida, deberías pedir algo ligero, pero es más rápido y fácil pedir una hamburguesa. Comes a las carreras y fuera de hora. Sigues con lo tuyo. Tu familia llega y te cuenta el gran torneo que dio Carlitos. Tú lo felicitas por el segundo lugar, pero sabes que para él un apapacho no es suficiente. Para recompensarlo le invitas un helado. Él parece contento. Aunque tu atención está enfocada en otro asunto, intentas mostrarte interesado por los detalles de los combates. De alguna forma, la conversación te ayuda a relajar la tensión que cargabas desde el cambio de planes. De vuelta en casa, un poco más tranquilo, te dedicas a terminar el trabajo. A la 1 de la madrugada te vas a dormir con una mezcla de emociones. Por un lado tienes la satisfacción de haber terminado la propuesta, aunque no sabes cómo te irá en la junta; pero por otro sientes una ligera culpa por no compartir los logros que son importantes para tu familia, y tu esposa lo hace más evidente con un gesto de insatisfacción antes de voltearse hacia el otro lado de la cama. Mañana será otro día.

Duermes a medias. Hace meses que no concilias el sueño como te gustaría. Te levantas varias veces durante la noche, un par de ocasiones al baño y una más a tomar agua. Un amigo te recomendó hace tiempo consultar en una clínica del sueño. Habrá que encontrar el momento. Te despiertas, listo para tu reunión. Llegas a tiempo a la oficina, recoges la papelería que necesitas, y justo cuando te diriges hacia la puerta recibes una llamada del cliente. Qué pena, pero tuvo una emergencia y le resulta imposible reacomodar sus horarios para recibirte; él se pondrá en contacto contigo cuando encuentre un espacio. Mientras tanto, tú tienes un hijo a mitad de la decepción, una esposa que, aunque te apoya en todo momento, se ha cansado de vivir bajo las prioridades de otras personas, y un sueño que no te deja concentrarte en los pendientes del día. Necesitas un respiro, pero no hay tiempo… habrá que encontrarlo en el siguiente fin de semana.

Suena dramático y exagerado, pero seguramente has estado ahí. No tiene nada de malo que un cliente te cancele, eso pasa constantemente (aunque depende también del perfil que has elegido como prospecto. Eso lo veremos más adelante), pero el hecho de no tener bien definidos los pilares de tu desarrollo vino a jugarte una mala pasada. Puede ser que bajo este mismo ritmo de vida hayas conseguido a otros clientes importantes, pero ¿a qué precio? ¿Cuántas oportunidades has perdido por falta de sueño, culpas innecesarias, desconcentración, problemas de salud y falta de control sobre tu tiempo? Tener tus cuatro pilares en orden es la única forma de crecer sin pagar de más por lo que puedes conseguir en oferta.

A esta altura podrá parecer que estamos tratando temas ajenos al desarrollo de un emprendedor, pero partir desde el fondo es la única forma de adquirir la seguridad necesaria que nos permita dar el paso hacia donde queremos estar. La certeza de que las cosas salgan como esperamos no la tendremos nunca, pero si avanzamos conscientes de que nuestros actos están alineados a nuestros ideales y valores, las caídas estarán llenas de aprendizaje y libres de remordimiento y culpabilidad.

El equilibrio de nuestros cuatro pilares funciona como una base de nuestro desarrollo profesional por una sencilla razón: es más fácil conectar con alguien cuando estamos conectados con nosotros mismos y con lo que nos llena de sentido. No puedes ayudar a alguien más cuando tú mismo no te encuentras bien. Cuando trato este tema me gusta pensar en la imagen de los aeromozos cuando dan las instrucciones para actuar en caso de emergencia, justo en la parte en que mencionan las máscaras de oxígeno: coloque la máscara de oxígeno sobre su boca antes de ayudar a sus acompañantes. ¿Te imaginas estar a punto del desmayo intentando colocarle la máscara a tu hijo? ¡Imposible! Es indispensable estar bien para poder brindarle nuestros servicios a alguien más. Conectar contigo para conectar con el resto, ese es el inicio de las relaciones que necesitamos.

DESARROLLO PERSONAL

El desarrollo personal puede abordarse desde distintos enfoques, por eso me parece importante señalar que en este caso no me refiero a que te conviertas en la mejor persona para el mundo, sino a que seas la mejor persona para ti. Si en el proceso los cambios que realices te llevan, además, a ser percibido de una mejor manera, ya será un beneficio adicional. En este capítulo no vamos a hablar de generosidad, lealtad, responsabilidad social y compromiso político, vamos a hablar de ordenar los bloques de tu vida personal para que puedas tomar el control sobre ella y esto impacte favorablemente tu capacidad de conectar con los demás para que obtengas mejores resultados.

¿Por qué es importante tener en orden la vida personal para desarrollarme mejor como emprendedor? Por 3 factores: el tiempo y la energía que inviertes de forma innecesaria, tu estabilidad emocional y tu capacidad de relacionarte con las personas correctas de forma que obtengas el mejor de los beneficios.

Para entrar de lleno en el tema, comencemos por definir cuáles son los bloques que forman parte de nuestra vida personal. Aunque las variables son distintas para cada uno, existen esferas que compartimos y nos ayudan a delimitar el alcance de lo que llamamos personal:

Mi familia

Mis amigos

Mis hobbies

Mi espacio personal

Equilibrar mi vida personal no implica dedicar a todos sus componentes la misma cantidad de tiempo y esfuerzo, sino determinar qué es lo que necesito de cada uno, cómo puedo utilizarlos para obtener eso que necesito y con qué frecuencia tengo que repetir o cambiar mis acciones para seguir cosechando beneficios. Lo que queremos lograr es desechar todo esfuerzo innecesario, sacar de nuestra vida los actos que seguimos repitiendo por rutina (incluso cuando muchas veces no nos ayuden a construir), y ocupar nuestro tiempo en actividades que enriquezcan nuestro presente de cara a la visión que tenemos del futuro. Con todo esto no quiero decir haya que dejar fuera la espontaneidad, sino que, para obtener de ella mejores resultados, debemos tener una organización del tiempo en la que le dejemos un espacio. No es lo mismo tener 2 horas libres y un panorama gigantesco de actividades, que conocer nuestros intereses y aprovechar esas 2 horas en uno de los 4 temas que previamente seleccionamos como prioritarios. Por poner un ejemplo sencillo de interés común, si dentro de tus hobbies están las series de televisión, en el primer caso es probable que termines viendo algún capítulo de la serie que ya has visto 25 veces, mientras que en el segundo optarás por comenzar la que desde hace tiempo has querido empezar porque trata un tema que despierta tu curiosidad. ¿En cuál de los dos escenarios crees que obtendrás un mejor beneficio? El punto es: incluso el tiempo que damos por "perdido", podemos "perderlo" de una mejor forma, todo es cuestión de equilibrar.

MI FAMILIA

Para dimensionar la relevancia de mis relaciones familiares dentro de mi desarrollo personal, dividiremos esta sección en 2: primero hablaremos de la familia desde su definición esencial, lo que implica un trabajo más profundo, desde el pasado hasta nuestro presente; después hablaremos de nuestra situación actual con la familia y de cómo hacer más eficientes nuestros encuentros y alcanzar la estabilidad que nos regale un mayor control sobre las situaciones y libertad sobre nuestro tiempo.

Del pasado hacia el presente

El significado que damos a la palabra familia está determinado en gran medida por nuestros patrones culturales, por eso es probable que un joven de 22 años en Chicago lleve con su familia una relación muy distinta a la que llevaría otro en Ámsterdam, Nagasaki o la Ciudad de México. Pero eso no cambia lo que la familia representa de forma esencial en nuestras vidas, después de todo, y aunque algunas veces ni siquiera los conozcamos, todos tenemos un padre y una madre, lo que nos lleva también al hecho de que todos tenemos abuelos, y detrás de ellos, un montón de historias que se conjugaron de forma perfecta para que llegáramos al mundo. No somos seres aislados e independientes que nacieron del fondo de la tierra para vivir una historia sin pasado; somos la herencia de rasgos, actos y situaciones que forman parte de nuestro ADN o forjan nuestro carácter, y por eso es indispensable e inevitable contemplar a la familia como parte de nuestro desarrollo personal.

Partiendo de este punto, ¿qué es la familia?

La familia es una fuente inagotable de vida. De nuestros padres tomamos la fuerza y la abundancia para alcanzar nuestros éxitos, y a nuestros hijos heredamos con orgullo el legado de pertenecer y formar parte de nuestra vida para siempre. La familia es un lazo que no sólo nos identifica, sino que además nos define. Somos lo que somos gracias a nuestra familia. Después vienen las situaciones que, determinadas por nuestra realidad familiar, social y personal, afrontamos. Entender nuestra vida personal ajena a la de nuestra familia es como desterrar nuestra propia identidad.

Entonces, cuando hablamos de la importancia de la familia en nuestro desarrollo, no nos referimos a la imagen familiar perfecta que es socialmente aceptada, sino a la que parte de nuestra realidad y de la que podemos sentirnos parte, tal y como esta sea.

Una vez situados en este punto, está claro que, para los objetivos que aquí nos conciernen, es más importante ubicarme dentro de mi familia en el lugar que me corresponde y tomar de ella todo lo que me pertenece, que buscar el paradero de mi tía abuela desconocida para entablar una relación con ella. Y no digo que lo segundo no represente también un beneficio para mi vida, sino que el trabajo de la relación con mi familia comienza desde mí mismo, y esa debe ser la prioridad.

¿Qué relación tiene esto con mi objetivo?

Agradecer y reconocer lo que de mis padres he obtenido es abrirme las puertas a la vida, que fue su mejor regalo. Si no puedo sentirme agradecido con la vida que me dieron mis padres, ¿cómo voy a sentirme cómodo viviéndola? Agradecer la vida es asumirla propia y saberme con la libertad de ir hacia mis propios objetivos. Nadie se siente más cómodo manejando un carro ajeno que al volante del suyo. Es así de simple. Sentirme profundamente agradecido con lo que obtuve de mis padres, que es la vida y es suficiente, me permite asumirla como mía, y si puedo asumirla como mía, puedo llevarla a donde quiera y compartirla con lo demás. En una palabra, conectar. Llegar a agradecer honesta y profundamente es un proceso que comienza con la reflexión de mi ubicación y estado actual, pero más adelante tendremos un espacio para detenernos y pensar en esto, por ahora, vamos al presente.

La calidad de mi presente

Nuestra vida se ha llenado de tantos procesos y rutinas que cuando encontramos en ella alguna carencia argumentamos falta de tiempo. Todos quisiéramos tener más tiempo para realizar las actividades que nos gustan o con las que nos sentimos comprometidos, pero, por alguna razón, nunca nos alcanza... o al menos eso pareciera.

Vivir bajo la sensación de que el tiempo no es suficiente nos carga la vida de insatisfacciones y deudas emocionales: las expectativas de lo que debería ser nos llevan constantemente a sentir que no estamos haciendo suficiente. Sobre esta situación en la que nos vemos envueltos casi a diario, tengo dos noticias, una buena y una mala: la mala noticia es que no podemos ponerle un día más a la semana, y quizá, aunque pudiéramos sentiríamos que no nos alcanza el tiempo. La buena es que no necesitamos más tiempo, lo que necesitamos es tiempo de calidad, y eso sí lo podemos crear.

Comencemos por una declaración que nos aclarará el panorama: no es lo mismo compartir el tiempo que compartir el espacio. Durante todo el día compartimos distintos espacios comunes con diferentes personas, pero esto no significa que estemos conviviendo con ellos. El hecho de estar a la misma hora en el mismo lugar, en lo único que nos une, es en la referencia que cada uno tendrá sobre su día. En la casa es lo mismo. Podemos estar en una misma habitación con nuestra familia y no por eso significa que estemos compartiendo nuestro tiempo. Si yo comparto elevador todos los días con un tipo al que saludo y del que después me despido cordialmente, nuestro vínculo no va a crecer por arte de magia. Al final del mes seguramente habremos estado en el mismo espacio durante una hora, pero no habremos compartido un solo minuto.

En el caso del tipo del elevador, como no existe una relación de interés, puedo seguir con mi vida tranquilo. El problema es cuando se trata de personas a las que quiero, porque entonces se despierta en mí la sensación de que necesito pasar más tiempo con ellas, cuando en realidad lo que debería hacer es que el tiempo que tengo con ellos valga la pena. Con esto no quiero decir que una hora a la semana sea suficiente para fortalecer los vínculos familiares, es de verdadera importancia dedicar tiempo a la familia, pero más importante es aprovecharlo para realizar actividades que nos ayuden a conectar y enriquezcan nuestra relación.

Mi familia como parte del éxito profesional

Todo hasta aquí, perfecto. Hemos hablado de nuestro pasado, de cómo tomar con fuerza lo que nos ha sido dado para después plantearnos un aprovechamiento real del presente ocupándolo con encuentros de alta calidad que provoquen conexiones profundas y estables con nuestra familia. Pero ¿cómo conecta todo esto con tu crecimiento profesional? ¿De qué forma influye tu relación con tus hijos y pareja en el éxito de tus objetivos de ventas? Primero, por la concentración. La concentración es necesaria para crear y resolver problemas. Encontrar las mejores ideas depende de estar concentrado. Si uno de mis vínculos emocionales más fuertes, como es el familiar, se encuentra afectado, es de esperar que me robe la atención. Lo vemos de forma muy clara cuando recibimos una mala noticia: ¿quién se puede concentrar después de saber que su esposa acaba de tener un accidente en su coche? De igual forma sucede con las pequeñas situaciones del día, que quizá pasen desapercibidas para nosotros porque afectan en una escala menor, pero para los resultados nada pasa de largo.

Después, y de forma paralela, mi relación con mi familia influye mi estabilidad emocional, que termina por afectar indiscutiblemente la conexión con mis clientes. Somos seres emocionales. En las relaciones que tengo todos los días se puede percibir lo que estoy sintiendo. Si cada noche que llego a la casa estoy inmerso en un ambiente de conflicto o insatisfacción, es inevitable que esto afecte mi semblante y las sensaciones que despierto al día siguiente en las personas con las que convivo. Por otro lado, si el ambiente sobre el que descanso cuando estoy en casa nutre mis intereses y despierta en mí emociones positivas, de igual forma me convierto en un reflejo de todo esto ante mis prospectos.

Supongo que ahora queda claro que mi familia está involucrada directa o indirectamente en mi vida profesional, pero saber cómo afectan mis relaciones familiares en mi labor de ventas no es suficiente. Ahora que conocemos los puntos a tratar, ¿cómo hacemos para pasar del tiempo al tiempo de calidad y construir un entorno favorable en el hogar que como consecuencia impulse también mi capacidad para conectar con los demás? Como todo en la vida, es más fácil si seguimos un proceso. Comencemos por definir tiempos.

El tiempo es tan importante como lo que hago con él

Esto aplica para cualquier aspecto de mi vida. Si tengo bien definidos los tiempos que dedico a cada pilar, programar las actividades que necesito para equilibrarlos se vuelve más sencillo. Para definir los tiempos que dedicaremos a nuestras conexiones familiares, primero es necesario tener claro cómo distribuimos nuestro tiempo general actualmente, desde las actividades profesionales que nos llevan horas hasta los minutos que dedicamos a hacer una pausa en el día para ir por un café, fumar un cigarro o comer el snack de media tarde. Comienza por hacer un calendario semanal con tus actividades frecuentes. Este calendario nos servirá más adelante para redefinir la bitácora semanal de las acciones que debes tomar en cuenta para alcanzar todos tus objetivos. Una vez que hayas puesto tu semana en el papel, ubica el tiempo que dedicas de forma regular a tu familia. Trata de ser específico. La intención de este ejercicio es tener una noción real de con cuánto tiempo cuentas. Una vez que tengas una cantidad de horas aproximadas a la semana, pasaremos a definir actividades.

Definir actividades

Parece fácil, pero a medida que el tiempo avanza, nuestros intereses se van modificando y como los nuestros también los de nuestra familia, por eso puede resultar complicado elegir actividades que despierten el interés de todos sin hacer al menos una breve reflexión de en dónde nos encontramos como familia y de manera individual actualmente. Comienza por hacer una lista de intereses que consideres relevantes para cada miembro. No des por sentado que los conoces a la perfección, apóyate en ellos, pregúntales en qué disfrutan invertir su tiempo o qué les gustaría hacer cuando están juntos. Una vez que sepas cuáles son sus prioridades, puedes elegir de acuerdo a tus propios intereses (para esto también es necesario que hayas definido previamente cuáles son, si no terminarás cediendo tu tiempo para satisfacer solamente las intenciones de tu familia, y tampoco se trata de eso). No todas las semanas tienen que realizar las mismas actividades. Lo bonito de este ejercicio es que cada semana o mes puedas reorganizar tu calendario y pensar en distintas prácticas que estimulen su relación. Más adelante, en el capítulo de los hobbies, veremos de dónde puedes tomar herramientas para variar el enfoque y hacer más entretenidos y enriquecedores los encuentros familiares.

Planear a futuro

Cuando tenemos en el radar algún evento placentero futuro, nuestras emociones positivas se disparan. Está comprobado, por ejemplo, que planear un viaje aumenta la felicidad de las personas. Pero no necesariamente tiene que ser un viaje lo que planeemos para provocar ese estímulo, puede ser un concierto, un paseo a las afueras de la ciudad, ir a cenar en algún lugar nuevo. Se trata de generar expectativas relacionadas con una experiencia placentera. Si envuelves tu hogar en esta atmósfera, mantener un buen ambiente en casa será mucho más sencillo. Evidentemente, este tipo de sensaciones se pierden cuando después de la planeación los eventos no suceden. Apunta a situaciones que vayan de acuerdo a tus tiempos y presupuesto. Sería ideal si pudieras contar con un evento al mes, porque así pueden comenzar a planearlo los primeros días y mantener la ilusión encendida durante un tiempo razonable; pero la frecuencia de este tipo de actividades solo puedes definirla tú en compañía de tu familia para cuadrar los tiempos de cada uno.

MIS AMIGOS

Podría comenzar este capítulo citando a distintos autores que han hablado largo y tendido sobre la amistad, pero la realidad que aquí nos ocupa no es definir quién puede y quién no ser nuestro amigo, sino cómo mis amistades influyen en los resultados que espero obtener. Como aclaración debo decir que no pretendo desprestigiar los lazos que se forman de manera natural y permanecen a pesar de todo; elegir las amistades nos corresponde a cada uno y la responsabilidad que esto conlleve debe ser asumida con la misma seguridad. Sin embargo, aunque no sea mi responsabilidad, sí me siento con la obligación de mencionar cómo funcionamos en nuestras relaciones con los demás. Por decirlo de forma sencilla, digamos que somos espejos en constante construcción: vamos adquiriendo características y copiando los procesos de la gente con la que más convivimos. ¿Te ha pasado que conoces a alguien y con el tiempo encuentras más afinidad que al principio? Lo más común es que esto suceda porque los comportamientos se van acoplando, conectamos con las personas y nos desarrollamos en alianza. Funcionamos como clanes o equipos que adquieren una identidad en conjunto que termina por definir parte de nuestro comportamiento. Ahí radica la importancia de elegir con quién pasar el tiempo. Más adelante nos ocuparemos de las relaciones profesionales, en donde podemos ahondar más en el tema, por lo pronto, sigues siendo responsable de la libertad con la que eliges tus amistades.

Dicho esto, vayamos a lo que nos toca: cuánto tiempo invertimos en nuestras amistades y, del tiempo que ocupamos en ellos, cuánto nos ofrece a cambio un beneficio sustancial para alcanzar nuestros objetivos de vida.

Procurar las amistades es importante, porque nutren nuestro pilar personal y desarrollan en nosotros aptitudes, pensamientos y perspectivas que de otra forma no podríamos obtener, pero no es lo mismo dedicar una noche a la semana para convivir con los amigos que tener el calendario lleno de compromisos sociales. Lo que buscamos con la información que veremos a continuación es equilibrar nuestra iniciativa social para que no termine consumiéndonos. Mantén a la mano el calendario en el que reflejas la distribución de tus tiempos para que puedas complementarlo.

Planeación de mi faceta social

Como ya hemos visto, para hacer un cambio sustancial y consistente en los resultados que estamos obteniendo necesitamos un plan, y de todos los aspectos que debemos considerar dentro del plan, los relacionados con el plano social suelen ser los más complejos. Pero tampoco exageremos, siempre hay características que nos ayudan a decidir correctamente a la hora de planificar, y por ahí debemos empezar.

La finalidad de toda amistad debe ser conseguir encuentros que impulsen nuestras capacidades y nos hagan mejores. Para ser mejor a veces basta conocer un punto de vista distinto acerca de cualquier situación, pero, si lo pensamos fríamente, incluso esto no es algo que se dé todos los días y en cualquier lugar; algunas veces mantenemos reuniones por costumbre o tradición y son este tipo de compromisos los que nos restan tiempo y a cambio nos ofrecen muy poco. Dicho de otro modo, es complicado crecer cuando mi frecuencia de reuniones sociales supera la diversidad de mis amistades. De ahí se desprende el primer criterio para definir nuestra planeación: el tiempo que ha pasado desde que tuvimos el último encuentro con ciertas personas. Por ejemplo: ¿cuánto pudo haber cambiado mi vida en una semana, y cuánto la opinión de mi círculo como para hacerme crecer? Todos tenemos tiempos complicados, claro, pero no es que al terminar una semana se cierre la conversación y los temas no puedan tratarse en la siguiente ocasión. No hay reuniones semanales que no aguanten -al menos- una semana más. Piénsalo, la conversación se vuelve más rica, los enfoques más variados y el crecimiento más sencillo para todos. Evidentemente existen situaciones extraordinarias en las que la amistad exige presencia, y debemos tomarlas como eso, situaciones extraordinarias que deben acoplarse a nuestro plan establecido.

El segundo punto que debemos tomar en cuenta es algo que probablemente te ayude a darle un poco más de sentido al criterio anterior: no se puede definir cuánto frecuentar amistades sin saber de qué amistades estamos hablando, y para eso es importante distinguir círculos o categorías que describan a grandes rasgos la naturaleza de nuestras conexiones. Si sólo tienes un círculo de amigos en los que inviertas tiempo, podemos decir que tu tarea está resuelta; si tienes más de tres círculos sociales con los que mantienes relación de manera constante, tengo una pregunta para ti, ¿a qué hora trabajas? Digamos que para hacer una calendarización de encuentros que no reste demasiado tiempo a la obtención de nuestros objetivos, y, por el contrario, los nutra, lo ideal es reducir nuestros círculos de amistad por lo menos a tres:

1. Compañeros de vida.

2. Compañeros de conversación.

3. Compañeros de fiesta.

Compañeros de vida

Los compañeros de vida suelen ser buenos amigos para cualquier cosa, por eso están en el primer lugar de nuestra escala. Más allá del impacto positivo que puedan traer a nuestros proyectos profesionales, un compañero de vida es importante porque nutre constantemente nuestra personalidad y nos ayuda a recordar quiénes somos y en dónde estamos parados. Para distinguir quiénes podrían ser considerados como tus compañeros de vida, piensa en aquellas personas con las que te acercarías a pedir un consejo personal cuando las situaciones se han vuelto complicadas, te darás cuenta de que no a cualquiera de tus amigos le abrirías el corazón completo sin ver herido tu pudor. Nuestras conexiones más profundas son esas que trascienden la trivialidad y funcionan como espejos en los que podemos reflejarnos para encontrar eso que nos cuesta ver por nosotros mismos. Como recomendación, dedica a estas amistades la mayor frecuencia en la faceta social de tu calendario. En mi experiencia personal: cada 2 o 3 semanas es un tiempo razonable que ayuda a enriquecer el próximo encuentro.

Compañeros de conversación

Una buena conversación expande el pensamiento. Hay

amistades con las que no nos sentimos tan cómodos como para compartir intimidades, pero sí somos capaces de llevar una conversación honesta, con sentido y riqueza de diálogo. Distinguir a este tipo de amigos es relativamente sencillo, son aquellos que ofrecen una apertura de pensamiento y con los que encuentras cierta afinidad para el tipo de diálogo que te gusta. Aunque las reuniones con este tipo de amigos suelen ser de lo más entretenidas, el crecimiento real que obtenemos de ellas no alcanza los niveles que sí nos ofrecen las reuniones con nuestros compañeros de vida, por eso, si estamos intentando reducir nuestros tiempos sociales, de aquí podemos tomar un poco, sin que esto represente lanzarlos al olvido. Mi recomendación: una vez al mes. Una buena plática siempre se disfruta, y es necesaria para aligerar lo pesada que puede sentirse la vida en ocasiones. Tener reuniones mensuales con este tipo de amigos seguramente estimulará tu forma de pensamiento y te dará argumentos para abrirte paso en el mundo profesional desde otros enfoques.

Compañeros de fiesta

Probablemente hayan ido quedando en el olvido poco a poco, pero si aún te reúnes con amigos de parranda, ¿qué haces ahí? Seguramente puedes encontrar la misma fiesta con tus compañeros de vida o de conversación, quizá vaya siendo hora de que se hagan un bien y conviertan sus reuniones en encuentros conmemorativos. Crecer también es darnos cuenta de que existen cosas en la vida que podemos dejar ir, y este tipo de amigos son una de esas cosas. Ahora, si de plano crees que dejarlos cuesta un mundo, entonces reconsidera su posición en tu escala, tal vez compartes con ellos más que solamente gritos, risas y bebidas; o si la fiesta que construyen juntos es demasiado atractiva como para despedirte de ella, digamos que con una vez cada 6 meses te alcanza para agarrar aire y ocuparte de asuntos más importantes. Incluso pudiera convertirse en una reunión anual: si su amistad es cuestión de fiesta, háganle un cumpleaños.

Sé que durante el proceso encontrarás grandes amistades apartadas por el tiempo y otras muy frecuentadas con las que no tienes una relación tan profunda. Así es esto, la amistad no es una fórmula y siempre podemos retomar los lazos que nos parezcan importantes, aquellas conexiones que a pesar del tiempo siguen generando buenas sensaciones en nosotros; pero seamos sinceros, para hacerlo tenemos que otorgarles el tiempo que alguien más está ocupando. Si queremos obtener los resultados planeados, todos los ejes de nuestra vida deben estar dentro de la planeación. Si no es así, siempre tendremos motivos para no alcanzar los objetivos, cuando en realidad esos motivos también forman parte de nuestra responsabilidad. Así que define tus círculos de amistad, programa tus reuniones, y despreocúpate de una vez de cumplir compromisos innecesarios. Toma control sobre cada segundo de tu vida para que puedas emplearlo en lo que más te interesa. No tienes que cumplir con todo ni con todos, tenlo bien claro.

Por último, y para que esto no parezca una plática con papá y mamá, no nos confundamos: en estos grupos no entran las personas que conocemos como contactos (y que después pueden convertirse en buenos amigos). Hacer una red de contactos es parte de nuestro trabajo, y más adelante lo contemplaremos como parte del plan. Después de todo, conocer personas es la única forma de seguir emprendiendo negocios, y mantener nuestro crecimiento tampoco se trata de apartarnos del mundo real para construir una pequeña comunidad sólo con las personas en las que confiamos. El tema en este caso es hacer una reflexión seria del tiempo que invertimos en compromisos que adquirimos de forma inconsciente, porque solo así podremos deslindarnos de ellos.

Cuando programes tus actividades diarias en la agenda o calendario, procura incluir todos los eventos sociales a los que planeas asistir. No necesitas dar explicaciones por tu ausencia, hazte responsable de tu tiempo y decide lo que consideres mejor para alcanzar tus objetivos. Las verdaderas amistades demandan tiempo, pero también saben prevalecer a pesar de él. Enfócate y sigue tus actividades de acuerdo con lo que tienes planeado, el alivio que regala decidir libremente con los objetivos en mente te ayudará a convertirlo en un hábito.

MIS HOBBIES

Los hobbies son como el aderezo de la ensalada: aunque forman parte de nuestro desarrollo personal, en realidad recubren todos los ingredientes de nuestra vida para nutrir sus características y hacerla más sabrosa.

Generalmente nuestros hobbies nos encuentran a nosotros. Mientras andamos por la vida vamos conociendo qué actividades despiertan nuestro interés y cuáles de plano no nos llaman la atención. Pero, conforme pasan los años, es importante que seamos nosotros quienes decidamos con qué hobbies queremos quedarnos, y para poder hacerlo, es necesario tomar en cuenta su impacto en nuestra vida.

El beneficio principal de cualquier hobby es hacernos la vida más ligera. Su función primaria, entonces, debe estar ligada a la relajación y el entretenimiento. Si este fuera el único criterio, el panorama sería demasiado amplío. Aquí es donde entran las categorías de los hobbies en relación al desarrollo de nuestros pilares. Elegir nuestras actividades de acuerdo a los objetivos que definamos para cierto lapso de tiempo puede ayudarnos a que nuestro crecimiento se vea impactado favorablemente sin necesidad de invertir demasiado esfuerzo. Retomando el ejemplo de la serie, elegir una que en su temática esté ligada a alguna de nuestras metas, nos instruye mientras nos entretiene, así vamos acercándonos al objetivo incluso en el tiempo que dedicamos a la relajación.

Hobbies que impulsan mi desarrollo físico

No es muy complicado imaginar de qué va esta categoría de hobbies. El ejercicio es algo que nos ha acompañado de forma natural a lo largo de nuestra evolución como especie, sin embargo, el extremo sedentarismo en el que ahora vivimos, nos ha llevado a tener que incluirlo dentro de nuestras actividades como un requisito, puesto que ya no nos desenvolvemos físicamente para realizar nuestras actividades rutinarias. Los hobbies físicos tienen innumerables beneficios, entre los que encontramos la liberación de la mente, reducción del estrés, el desarrollo de nuestras capacidades motoras, agilidad corporal y de pensamiento y, quizá la más importante, mantenimiento de nuestra salud. Aunque en un principio elegir un hobby ligado a nuestro desarrollo físico pueda parecer tedioso y forzado, en realidad existen muchísimas actividades que podemos realizar y en las que encontremos un estímulo más allá de la búsqueda de un beneficio, al final de cuentas, por eso lo llamamos hobby.

Para mantener equilibrado el desarrollo de nuestros pilares, no es necesario que elijas distintas actividades físicas, puedes tomar una que te llame la atención y cambiarla periódicamente cuando la encuentres cansada o rutinaria. No te limites a pensar en salir a caminar o ir al gimnasio, hoy en día puedes encontrar clases de futbol, natación, artes marciales, box, baile y casi cualquier cosa que te apetezca en algún lugar cercano a tu casa. Expande tu campo creativo y dedícale un poco de tiempo al desarrollo de tu bienestar físico. Tu cuerpo te lo agradecerá y notarás los cambios que mantenerte ejercitado brinda a tu rutina diaria.

Hobbies que impulsan mi desarrollo profesional

No todo es lo que parece. Cuando hablamos de hobbies profesionales no solamente debemos incluir aquellos relacionados con nuestro trabajo o profesión. Todo lo que tiene alguna relación con el arte, por ejemplo, nos ayuda a crecer nuestro campo de pensamiento, nos vuelve más creativos y nos ayuda a encontrar soluciones en donde antes no podíamos. De esta forma, visitar museos, tomar talleres de creación literaria, clases de pintura o escultura en barro, suele traernos más beneficios de los que comúnmente creemos. Conectar con la parte más creativa de nosotros mismos regala virtudes que estimulan todas nuestras facetas.

Está de más mencionar que los cursos, conferencias, diplomados y talleres relacionados con nuestras labores diarias también pueden ser tomados por hobbies si encontramos en ellos un estímulo más allá del profesional. A final de cuentas, un hobby no puede perder su función principal dentro de nuestro pilar personal: entretenernos y relajarnos.

Conexión

Hobbies que impulsan mi desarrollo espiritual

Aunque quizá es el más ambiguo de los 4 pilares, cuando hablo de desarrollo espiritual no me refiero al ejercicio de una religión, que es un tema que cada uno puede o no incluir en su vida, sino al desarrollo de nuestras virtudes como seres humanos, a esa conexión con el ideal que vive dentro de nosotros mismos como un horizonte inalcanzable, pero siempre presente, hacia el que debemos dirigir nuestros pasos con certeza y convicción.

Existen actividades que nos ayudan a crecer como personas, llenan nuestra vida de sentido o nos regalan la paz necesaria para desenvolvernos sobre un terreno virtuoso de forma fluida. La meditación es un buen ejemplo de una práctica que mejora nuestros hábitos y nuestra capacidad de concentración, además de regalarnos el sentido reflexivo que necesitamos para asimilar los aprendizajes de cada día, pero no es la única. La lectura, por ejemplo, conlleva procesos personales que fortalecen nuestra inteligencia emocional, nos hacen más empáticos y amplían nuestra visión del mundo sin exigir demasiado a cambio. También existen películas capaces de transportar al espectador a estados de ánimo en los que no se siente habituado, y en este tipo de ejercicios es cuando descubrimos y despertamos sensaciones que de otra forma difícilmente alcanzaríamos.

Cuando vayas a elegir algún hobby espiritual, procura, como en el resto, que no se convierta en una carga. Deja las pretensiones para quienes no saben lo que quieren, tú elige algo que te nutra y te entretenga, aún y cuando no sea filosofía compleja o cine de arte. El crecimiento espiritual está ligado a las experiencias humanas más personales, encuentra tu enfoque y desarróllalo.

No queda mucho más qué decir respecto a los hobbies, solo recordar la importancia de buscar el equilibrio entre nuestros pilares, siempre dando prioridad a los objetivos hacia los que nos dirigimos en este momento particular de la vida. Como aquí tratamos el tema de la conexión con un enfoque más orientado al emprendimiento y los negocios, es determinante que orientes la elección de tus hobbies hacia el desarrollo de esas habilidades o virtudes que pueden acercarte a los objetivos que pretendes alcanzar.

MI ESPACIO PERSONAL

Hay algo que me llama poderosamente la atención en las películas y libros biográficos de los grandes personajes de la historia, y es la importancia que le dan a su espacio personal. Virginia Woolf, por ejemplo, decía que un escritor necesitaba un cuarto dedicado exclusivamente al ejercicio de su oficio, y bajo esa premisa llevó su carrera profesional.

Seamos honestos, no para todos resulta necesario ser dueños de un espacio físico apartado del resto del mundo para llevar a cabo nuestros procesos laborales, lo que sí es necesario, sin importar la labor a la que te dediques, es contar con un espacio de tiempo dentro de la semana para no escuchar nada más que tus inquietudes y pensamientos, porque sólo de esta manera puedes responder a tus necesidades más profundas de forma certera.

Escucharse es conectarse

Empecemos por el principio: ¿cómo conocemos al resto de las personas con las que interactuamos? Escuchándolas. Conectamos con otras personas a través del diálogo, es la forma más fácil de comunicarnos y expresar la realidad de nuestra vida, no es casualidad que sea la palabra la bandera de aprendizaje de toda nuestra sociedad. Ahora, lo que resulta extraño, es que aún sabiendo cuán necesario es escuchar a una persona para conocerla realmente, no tomemos con la misma importancia un ejercicio personal de la misma naturaleza. Asumimos que por ser nosotros mismos ya nos conocemos y sabemos a qué responden cada uno de nuestros arranques, pero no es verdad, el conocimiento de nuestra persona implica procesos que duran toda la vida, de ahí nace la necesidad de contar con un espacio periódico y constante dentro de nuestro calendario para adentrarnos en nuestro mundo menos evidente, ese que se nos presenta de formas que no estamos habituados a leer y nos pide tiempo para ser reconocido y acogido. No tienes que elegir un solo lugar que se convierta en tu espacio, un día puede ser la banca de un parque y al día siguiente el asiento de tu auto, lo único que tienes que hacer es establecer conscientemente que dentro de ese lapso te dedicarás única y exclusivamente a escucharte con honestidad, sin pretender y sin juzgar.

La ruta de un buen escucha

Ya tenemos la intención, ahora se nos presenta un nuevo reto: hacer las preguntas correctas para que el diálogo sea verdaderamente enriquecedor y no estemos hablando todo el tiempo sobre temas que no tocan nuestras fibras. Puedes abordar la conversación desde distintos puntos, no existe un guion para tener una conversación intrapersonal, pero existen factores que no puedes dejar pasar. Para no dar nada por sentado -y aunque algunas puedan parecer evidentes-, listo a continuación unas preguntas que pueden abrir el caparazón si no te sientes en el estado ideal para empezar la conversación.

¿Cómo te sientes?

Responde honestamente. No se vale decir "bien". Estás hablando contigo mismo, date el tiempo de reflexionar acerca de tus sensaciones y exprésate con libertad, no hay forma de que te equivoques. Relaja los juicios, eres tú hablando contigo, por lo menos durante esa hora o media hora que te dedicarás, regálate esa libertad. Si te cuesta enunciar en palabras tus emociones, busca figuras o imágenes que te sirvan para describir lo que estás sintiendo. "Me siento como una tortuga en medio de una carretera". Se vale, puedes sentirte como quieras y puedes expresarlo también como se te ocurra, la única restricción en este ejercicio, para esta y todas las preguntas que te hagas, es ser honesto.

¿Qué te preocupa?

Suele ser algo que tenemos bien masticado, pero sacarlo de nuestro pensamiento y ponerlo en palabras nos ayuda a hacerlo tangible para ver si podemos hacer algo por nuestras preocupaciones o si es algo en lo que sólo podemos ser pacientes. A menudo nuestras preocupaciones tienen mayor relación con el desorden de pensamientos que con verdaderas tragedias. Di en voz alta cuál es tu preocupación, pregúntate si puedes hacer algo para resolverla, si sí, describe el mapa de resolución; si no, pregúntate qué puedes hacer para recobrar la tranquilidad y mantenerte a la espera de que la situación se resuelva. Contar con papel y pluma en este tipo de ejercicios siempre funciona como apoyo, pero el simple hecho de sacarlo del pecho ya representa un alivio y es en sí misma una forma de hacer conscientes los vicios de nuestro pensamiento.

¿Qué piensas de tu estado actual?

Es importante saber cuál es nuestra percepción de la forma en la que nos hemos estado desenvolviendo. Todo el tiempo estamos escuchando opiniones ajenas acerca de nuestro desempeño, y es fácil perder el enfoque de la verdad cuando estamos rodeados por tantas opiniones. ¿Cuál es la tuya? ¿Te gustó cómo enfrentaste tal situación? ¿Qué harías distinto la próxima vez que suceda algo similar? ¿Cuáles son tus conclusiones generales del día? Escuchar la perspectiva que otros tienen de nuestros actos es importante, pero tener claro cuál es la interpretación que nosotros mismos le damos es indispensable para crecer. ¡Escúchate!

No pudo haber sido distinto

Conexión

Esto no es una pregunta, pero es una buena forma de cerrar con la reflexión. No cargues culpas por situaciones imposibles. Si actuaste de un modo que no te convence, no importa, porque no pudo haber sido distinto. Las circunstancias bajo las que tomamos decisiones y nuestros propios impulsos del momento nos llevan a elegir como creemos correcto en el contexto en el que estamos involucrados. Las vivencias no son pruebas para ver si sabemos o no hacer las cosas, son experiencias para aprender hacerlas mejor. Relájate, respira, escucha tus inquietudes y afronta el nuevo día con pleno conocimiento de tu estado actual.

Las preguntas que decidas hacerte cuando estés en tu espacio personal son decisión tuya e irán naciendo de tus necesidades del momento. Incluye en tu calendario un lapso de tiempo diario al final del día o uno más largo al final de la semana, como creas que te resulte mejor, pero no lo dejes pasar.

DESARROLLO FÍSICO

En múltiples ocasiones hemos escuchado cuánto influye el plano físico en nuestra vida cotidiana, pero quizá no te has puesto a pensar cómo tu situación física actual está afectando las posibilidades que tienes de conectar con los prospectos que buscas. Ya no se trata sólo de un tema de salud, que debería ser suficiente motivo para hacernos una revisión médica o ponernos a hacer ejercicio, estamos hablando de que las probabilidades de alcanzar nuestros objetivos se eleven por una cuestión que debería ser básica, como un buen estado de salud.

Físico es una palabra muy fría, así que deshebrémosla un poco. En el día a día entendemos por nuestro físico el cuerpo que habitamos. Estamos tan acostumbrados a vivir con él cada segundo que nos parece imperceptible su estado. Es así: no puedo saber cómo sería mi presente con un estado físico distinto, porque mi realidad es lo único que puedo abarcar. Por ejemplo, a todos nos ha pasado tener unas ganas enormes de ir al baño en medio de una reunión de la que no podemos perdernos detalle. Durante la junta te acostumbras tanto a la sensación de urgencia y la presión física que pierdes noción de cómo se siente no tenerla encima. Pero ¿qué pasa?, media hora después, justo cuando salimos del baño, nos invade el placer de no tener más el problema. ¡Qué bien se siente no querer ir al baño! Funcionamos así. Aunque tenemos conciencia para abarcar otros tiempos, el presente nos abruma de tal forma que nos cuesta recordar las sensaciones que conlleva un estado físico distinto. Para ilustrar el tema con algo todavía menos amable, les hablaré de mi caso.

DURMIENDO CON EL ENEMIGO

Yo estaba acostumbrado a verme las ojeras en el espejo. Todas las mañanas sentía que la noche no había sido suficiente para descansar (sin importar cuánto durmiera) y siempre encontraba una razón lógica para explicar mi cansancio: "ayer fue un día intenso", "no me cae esta almohada", "cené demasiado". No buscaba arreglo porque para mí no había nada qué arreglar. Así viví durante años. Al salir de casa olvidaba el asunto y me ponía a trabajar, un buen café ayuda.

Siempre he buscado que mi rendimiento en el trabajo sea el máximo, es un compromiso que me he hecho. Evidentemente no siempre se puede, pero para mí, en aquel momento, lo estaba logrando. Mi cartera de clientes estaba creciendo; había dejado atrás un par de escalones necesarios para, ahora, estar en esferas que consideraba pruebas de éxito; tenía un espacio físico para recibir a mis clientes y brindarles un servicio a la altura de sus expectativas. No había llegado hasta donde quería, pero las cosas marchaban por su propia cuenta. Yo no imaginaba cómo me podría cambiar la vida una consulta.

Una tarde, durante una reunión casual con uno de mis clientes, escuché hablar de la apnea. Yo tenía una referencia vaga de lo que trataba el síndrome, pero pensaba en él como una enfermedad rara y poco común. "Casi el 22% de los hombres adultos tiene apnea; la mayoría no lo sabe". Ahí cambió la cosa. Mi cliente parecía saber bastante de lo que estaba hablando. "Y ¿cómo te das cuenta que tienes apnea?", no podía quedarme con la duda. Creo que aquí es momento de explicar en qué consiste, para quienes no están familiarizados con el término. Sin sonar a sermón médico, la apnea es un síndrome que afecta el sueño. ¿Cómo? Haciendo que la persona deje de respirar. Cuando el cuerpo deja de recibir oxígeno, el cerebro emite una señal para que la persona despierte, ¡entonces se produce el problema! Imagínate despertar cada 20 minutos para tomar aire, ¿cómo puedes descansar?

Ahora sí, regresemos al caso. El cliente me contó que era fácil darte una idea: "si te despiertas durante la noche, ve a checarte". "Sí, sí, claro que algunas veces me despierto, pero es para ir al baño o tomar un poco de agua. Pasa que la boca se me seca y necesito hidratarme". Entonces me explicó. Las señales que emite el cuerpo para que te despiertes pueden ser muy diversas. ¿Cómo sería posible que haya gente que va al baño 3 veces por noche y otros que no vayan una sola vez? Pues sí, no se trataba de la incontinencia de mi vejiga, se trataba de mi síndrome.

No me curé, porque nadie se cura, pero pude controlarla con un aparato que algunos habrán visto. Antes de dormir me pongo una mascarilla que detecta cuando mi respiración se detiene. Entonces la mascarilla lanza un disparo de oxígeno que ayuda a mi cuerpo a recobrar la respiración, y listo, no hace falta despertarse.

A partir de ese día me cambiaron las mañanas. Entendí por qué decían que es la parte más productiva del día y comencé a agarrarle cariño al despertar. ¿Cómo mejoró mi rendimiento? Aumentó el número de prospectos que podía ver en un día y la calidad de conversación que tenía con ellos por la atención que les prestaba; las conexiones comenzaron a darse de forma más natural. El porcentaje de clientes cerrados, como consecuencia, también se fue hacia arriba. Comencé a resolver mis asuntos en menos tiempo. ¿Por qué? No hace falta demasiada explicación. Imagínense que duermen 2 horas al día, ¿cómo se sentirían al día siguiente? Pues bueno, quizá no lo sepan y estén durmiendo 2 horas.

Este es mi caso, y aunque puede ser también el de ustedes, ese no es el punto. La cuestión es cómo una situación desconocida que se debe a un problema de salud sin atender estaba afectando mi propia realización. Si buscamos una imagen, sería como si yo mismo me amarrara una mano todas las mañanas y, por decisión propia, renunciara a ella. Tú, ¿cómo estás de salud?

Nadie quiere ver que tiene un problema físico o de salud, por eso evadimos como podemos las consultas con el médico y cualquier argumento nos parece suficiente razón para sacarle la vuelta, pero es algo que tarde o temprano tendremos que enfrentar, y siempre será mejor estar preparados y ser conscientes de nuestro estado real. Pero no intentaré convencerte de que te hagas un examen médico o programes desde ahora tu rutina de ejercicio, ya en el apartado de los hobbies vimos cómo puedes elegir actividades que te entretengan mientras favorecen tu desarrollo físico, lo que sí voy a hacer es contarte de 3 factores de este pilar que están influyendo en tu desempeño, ya será tu labor ver qué grado de influencia tiene cada uno de acuerdo con tu ritmo de vida actual.

FACTORES FÍSICOS QUE AFECTAN TU RENDIMIENTO

Sueño

Ya te conté mi caso. Un sueño profundo nos permite interiorizar las vivencias del día anterior, relajarnos y reponer las energías que necesitamos para encarar un nuevo día. Cuando el cuerpo no descansa correctamente, se presentan problemas en apariencia sencillos como descuidos, falta de atención, reducción de la memoria a corto plazo o dificultades de concentración, el problema viene cuando este tipo de situaciones se vuelven recurrentes, porque nos restan la capacidad de responder a la altura de las circunstancias que se nos presentan, ¿quién decidiría encarar una reunión importante al 80% de su capacidad cuando puede estar al 100%?

Aunque las horas de sueño recomendadas varían de acuerdo a la edad y ritmo de vida de cada uno, dormir al menos 6 horas es la recomendación general de un médico. Si yo fuera tú, me tomaría un fin de semana para averiguar cómo estoy durmiendo. Créeme, te puede cambiar la vida.

Alimentación

Nuestra principal fuente de energía durante el día es la alimentación. Digamos que, si fuéramos autos, cada vez que elegimos un alimento estaríamos tomando la gasolina necesaria para terminar el día. La recomendación general para mantener nuestro cuerpo con un buen nivel de energía es comer 5 veces durante el día, haciendo 3 comidas fuertes y un par de snacks que mantengan al organismo en movimiento. Otra vez, para conocer qué tipo de dieta se acopla mejor a tu ritmo de vida es necesario que visites a un nutriólogo o bariatra, lo que sí puedo contarte es que un cuerpo bien alimentado descansa mejor y mantiene la energía en las áreas adecuadas para mostrar su mejor desempeño. No atrofies a tu cuerpo, trátalo como se merece.

Cuidados generales del corazón

El corazón es el motor de nuestro cuerpo, pero eso ya lo sabes. Lo que probablemente no sepas es que, para mantenerse en un estado de correcto funcionamiento, nuestro corazón requiere dar un mínimo de 10,000 pasos por día, cifra a la que no llegamos haciendo una rutina normal de trabajo. Digamos que en un día normal subes a tu auto para ir a la oficina, te estaciones dentro del edificio y caminas hacia el elevador. Llegas a tu lugar y te sientas frente a la computadora. Vas al baño 4 veces durante el día. Caminas a la tienda para comprar un snack durante la tarde y regresas a tu auto a la hora de la salida para en él llegar hasta tu casa, cenar y dormir. ¿Sabes cuántos pasos diste aproximadamente? 3,000, ni un tercio del mantenimiento que, en cifras generales, requiere un corazón sano. ¿Cómo afecta esto tu rendimiento profesional? Volvamos al ejemplo anterior, si el motor no es capaz de darle un flujo de combustible adecuado al auto, el auto no responderá a su más alta capacidad. Es así de simple.

DESARROLLO PROFESIONAL

Llegamos a una parte crucial para la obtención de nuestros objetivos. El desarrollo profesional es, primero, la consecuencia del equilibrio en el resto de los pilares, como hemos visto. Después, es la suma de distintos factores que terminan por desencadenar las situaciones que aprovecharemos para impulsar nuestro rendimiento y generar conexiones reales con las personas que visitemos. La preparación académica por sí sola no es suficiente para llegar a donde queremos, y una red de contactos enorme, por sí sola, no representa una ventaja frente a nuestros competidores. En este capítulo lo que queremos es aprovechar las herramientas con las que ya contamos y ver cómo conseguir las que nos hacen falta para alcanzar nuestros objetivos. No es lo mismo saberse capaz que poner en práctica las capacidades, de la misma forma que no es lo mismo encontrar temas en común que generar conexiones a partir de ellos.

PREPARACIÓN VS. AUTOAPRENDIZAJE

Desde que somos niños estamos expuestos a la necesidad de estudiar. Es algo que nos inculcan y con lo que crecemos como una obligación. En algún momento de la vida, en el mejor de los casos, encaminamos nuestro interés por el estudio hacia las áreas en las que nos sentimos más cómodos o de las que creemos que podemos sacar un mejor provecho de acuerdo a nuestras habilidades y conocimientos, y así seguimos nuestra formación. Hasta aquí, todo bien. Digamos que, si fuera así de simple, nuestro desarrollo profesional pasaría en algún momento a ser una decisión individual consciente, pero la realidad es distinta. La asociación natural que hacemos entre la preparación y el alcance de los objetivos nubla nuestra visión en el proceso: todo se vuelve parte de una calificación, y hacia allá avanzamos, a veces sin importar cómo. Entonces pasa que, cuando el estudiante universitario llega tarde a la clase y recibe la oportunidad de quedarse a escucharla, pero con falta, prefiere salirse a aprovechar el tiempo "libre" que le otorgaron. Si se tratara de una decisión consciente, el estudiante se quedaría, porque no está yendo a clases para obtener un título; pero tratándose de un proceso que tiene como única finalidad el objetivo de ser un licenciado, siempre puede jugársela a pasar el examen. Es aquí en donde el autoaprendizaje se convierte en el protagonista de nuestra preparación.

Cuando trato este tema siempre se plantea la posibilidad de tener un sistema educativo distinto, más orientado a la preparación que a la obtención de los objetivos, pero seamos honestos, el único sistema educativo al que estamos adscritos de por vida es al que nosotros mismos desarrollemos. No importa si se trata de una plática en la empresa, un libro, una conferencia, una maestría o un doctorado, el compromiso de aprender es individual. Si no estamos convencidos de que lo que estamos haciendo tiene un efecto más grande en nosotros que el alcance del mismo objetivo, estamos avanzando de forma equivocada.

Para mantenernos en búsqueda constante del aprendizaje es necesario tener un enfoque mental orientado que nos permita tomar decisiones deliberadas hacia allá, y para lograrlo el primer paso es la apertura. Puede sonar duro pero es necesario dejar de lado nuestras posturas y la necesidad de tener la razón, cuando se aprende no se compite.

Aunque lo ideal sería mantenernos en un ambiente que promueva la interacción de los conocimientos y el aprendizaje que nosotros pretendemos desarrollar, la realidad es que resulta imposible quedarnos ahí; pero eso no debe ser un impedimento, si las circunstancias te llevaron a un lugar del que no crees poder sacar provecho, ya empezaste mal. Encuentra qué es lo que te puedes llevar de cada situación sin importar de qué se trate. Está claro que hay entornos que favorecen el desarrollo y otros que quedan a deber, pero en la vida real estamos expuestos a situaciones que salen de nuestro control, y ante ellas tenemos dos opciones: frustrarnos o aprender. La curiosidad es la bandera del autoaprendizaje, cárgala en todos tus pantalones.

NETWORKING: CONEXIONES ORIENTADAS

Ya tocamos ligeramente el tema cuando hablamos de las amistades, pero en este caso llevaremos nuestro ámbito social hacia otra de sus aristas: las conexiones que generamos para establecer nuestra red de contactos.

Comencemos por aclarar algo: no es necesario hacernos amigos de todos nuestros contactos, pero sí es indispensable generar con ellos una conexión que les brinde seguridad y confianza en nuestro trabajo. Estamos tratando con personas, y las personas nos movemos por sensaciones y emociones tanto o más aún que por razones. El interés que existe de por medio en un acercamiento de negocios no debe cegarnos a la hora de interactuar con una persona. Nadie quiere escuchar el argumento del tipo que estuvo "escuchando" con la mano en el aire como esperando su turno durante toda la conversación, porque entendemos que su único objetivo es vender el argumento. El potencial de nuestra red de contactos se define, como su nombre lo dice, por nuestra capacidad de conectar, y quien pone los intereses por delante difícilmente encontrará eco a sus palabras.

¿Por qué es importante tomar esto en cuenta? Porque un alto porcentaje del éxito en los negocios depende de la red de contactos que tengamos. No todos los contactos que tengas se convertirán en tus clientes, pero conoces a 10 personas es más fácil encontrar 3 que cumplan el perfil que estás buscando.

Las relaciones nacen de cualquier forma y en cualquier lugar; algunos tenemos la facilidad de generar contactos de forma natural, y eso está bien, otros batallamos más en el proceso social, y también está bien. En cualquiera de los casos, contar con algunas estrategias que me permitan identificar por dónde puedo generar una conexión hará que sea menos dependiente de las circunstancias y pueda aprovechar mis habilidades de una mejor manera.

¿CÓMO HAGO PARA AMPLIAR MI RED DE CONTACTOS?

Hablando. No importa qué tan bueno seas con las palabras, todo proceso pule habilidades. Tomar el teléfono y llamar a tus conocidos para contarles lo que estás haciendo es el primer aleteo que necesita un ventarrón. ¿A qué conocidos? ¡A todos! Comienza por tus familiares y amigos. La intención final es que encuentren en ti a una persona confiable que puede brindarles ciertos servicios si llegasen a necesitarlos, sólo de esta manera asegurarás que puedan recomendarte cuando alguno de sus conocidos necesite lo servicios que ofreces. De eso se trata todo: encontrar voces que se conviertan en tus promotores naturales gracias al vínculo que generaste con ellos. Al final, si la persona a la que llamaste está interesada en hacer negocios contigo, ya mataste dos pájaros de un tiro.

Deja la vergüenza, el miedo y la preocupación. Transforma la incertidumbre en la emoción que necesitas para hacer las llamadas y márcale a toda tu agenda. Siempre encontrarás personas más dispuestas que otras, en la repetición está el éxito. Durante el proceso aprenderás cómo acercarte mejor aprovechando tus virtudes, pero siempre hay puntos básicos que debes cuidar durante un acercamiento.

Sé cordial: lo molesto de una llamada suele estar directamente relacionado con su invasividad. Antes de empezar a contarle de qué se trata todo, pregunta si es un buen momento para hablar. En caso de una negativa, busca conseguir un nuevo horario para llamarlo. No te aferres, ser persistente no es lo mismo que ser sofocante.

Encuentra la ruta hacia la conexión: conectar en una llamada con alguien a quien tienes tiempo sin ver o con quien no hablas frecuentemente es complicado. No te precipites, seguramente recordarás algún interés en común y puedas utilizarlo para lograr una reunión en la que tengas más tiempo de conectar. Por ahora, habla con naturalidad y plantéale el panorama real de tu llamada; sé sincero y deja de lado el tono de perfección con el que se acercan algunos vendedores a solucionar el mundo. Por muy bueno que sea el servicio que ofreces, en este momento no se trata de una venta, sino de una conversación para ponerse al día. Invítale una cena, una cerveza, un juego de billar o de boliche; tú sabes qué puede disfrutar y en qué ambiente se puede sentir más cómodo. Deja que la conversación fluya y no te inventes un personaje que no eres: conectamos por lo que somos, no por lo que pretendemos.

Prepara tu speech de llamada: a nadie le gusta sentir que está perdiendo el tiempo. Resume tu labor en oraciones cortas que cuenten a grandes rasgos de lo que se trata. De nuevo, no estás buscando venderle, sino conectar con él para saber si está interesado o conoce a alguien que pueda estarlo.

Consigue un par de números: lo ideal al finalizar la llamada es que tu contacto te facilite un par de números para que, ahora sí, puedas hacer una labor de ventas más a detalle, pero siempre habrá quien prefiera mantenerse al margen: "déjame ver si conozco algún interesado y te lo refiero", en estos casos, no te mantengas pasivo, puedes facilitarle el trabajo sin resultar invasivo.

Facilítale el trabajo: No se trata de sofocar, sino de brindarle todas las herramientas para que él decida cuando tenga tiempo si puede apoyarte. Si su respuesta fue "déjame revisarlo", antes de finalizar la llamada, coméntale que le vas a pasar información básica de lo que ofreces para que la tenga a la mano, y recuérdale de cuánta ayuda sería si pudiera extender la información con sus contactos.

Prepara material concreto: las conversaciones son cada vez más prácticas. Si envías un correo con la información es probable que no pase nada con ella. Prepara un material gráfico en el que expliques brevemente tu labor, como una especie de tarjeta de presentación extendida, y compártesela por WhatsApp. Copiar y pegar una imagen es mucho más sencillo que escribir un párrafo o incluso que reenviar un correo.

Ahorra esfuerzos: lo ideal para establecer un compromiso

es hacer llamadas, pero ante la negativa constante de ciertas personas, siempre puedes recurrir al camino corto. Envíales un mensaje agradeciéndoles el tiempo que se tomaron para atender tu llamada (aún y cuando no hayan puesto demasiado de su parte) y envíales por WhatsApp tu tarjeta de presentación extendida con un brevísimo resumen de la intención que tenías con la llamada.

Si queremos extender nuestra red de contactos tenemos que utilizar todo lo que tenemos a la mano. Es más sencillo generar conexiones desde distintos frentes que desde un mismo centro. Empezar por tus contactos representa un esfuerzo mínimo con relación a la cantidad de beneficios que puede traerte.

Programa dentro de tu calendario al menos una hora durante la semana para realizar las llamadas. Puede ser que conforme pasen las semanas requieras menos tiempo, lo importante es mantenerte haciéndolas, sólo así asegurarás que los contactos sigan llegando.

NUEVAS EXPERIENCIAS, NUEVOS CONTACTOS

Es importante tener algo claro, y seguiré diciéndolo a lo largo del libro: mientras más veces tire a gol, más oportunidades tengo de anotar. Es cierto que para culminar la jugada se requiere todo un proceso, pero el que no tira no anota, es así de simple. ¿A dónde vamos con esto? Los conocidos se agotan. En algún momento habrá que expandir de nuevo el horizonte de prospectos para seguir teniendo oportunidades de patear a gol. ¿Cómo lo logro? Quebrando la rutina, frecuentando nuevos círculos, participando en eventos en los que puedo encontrar el perfil de clientes que busco. Esto podría parecer parte del pilar social, pero lo estamos hablando en el desarrollo profesional porque nuestra intención en este tipo de actividades debe ser, primero, encontrar contactos. Acércate, entabla conversaciones con personas nuevas, hazle conversación al hombre con el que compartes el elevador y platica con tu vecino; asiste a los eventos deportivos de tus hijos y conoce a los papás de sus amigos. Siempre existe un medio para conocer nuevas personas, quizá no sean el contacto que necesitamos para el negocio, pero siempre puede ser la puerta hacia alguien que sí.

CAPACIDAD DE ASOCIACIÓN

No todo el trabajo de un emprendedor es generar conexiones, eso está claro. Llevar un negocio tiene múltiples actividades y procesos que no podemos perder de vista y a los que tenemos que dedicar tiempo, y como el tiempo es nuestra principal herramienta para ser más productivos, esto se vuelve un problema.

Comencemos por definir nuestros alcances: ¿cuáles son las actividades del proceso en las que somos buenos y a las que queremos dedicar la mayor parte de nuestro tiempo? A mí, por ejemplo, me gusta el proceso de conexión: hablar con las personas, generar empatía, escucharlos, responder a sus necesidades con soluciones atractivas que se adapten a sus deseos y mantener la relación enriqueciendo el vínculo. No me gusta cobrar, no quiero dedicar tiempo a la administración de mi cartera ni a la contabilidad; lo único que quiero hacer es conectar, vender y emplearme a fondo para poder ofrecer a los clientes una experiencia de servicio diferenciada, pero como todo lo demás es igual de necesario, para poder dedicarme de lleno a eso que tanto me gusta, necesito gente que con su talento respalde el mío.

Hablar de formar un equipo puede sonar lejano, pero es una opción que debe contemplarse como necesaria si lo que buscamos es crecer. No te enredes, es así: el costo de emplear a alguien para que haga el trabajo que no te gusta, te quita tiempo y no te permite desarrollar al máximo las actividades en las que eres bueno, es un costo que actualmente estás pagando de otras formas. Si yo quisiera hacer una campaña de publicidad en redes sociales para la venta de seguros, que parece una buena herramienta de venta, ¿cuánto tiempo tendría que dedicarle para obtener buenos resultados? La cuestión no es si puedo o no hacerlo, sino que lo que yo haga en una semana, alguien con más experiencia en el tema podría hacerlo en un día, entonces, su día de trabajo me costó a mí siete días sin generar nuevas conexiones y vender mis servicios. Escogí este ejemplo por poner alguno, pero funciona de igual forma para la cobranza o la administración de un espacio: si tengo más tiempo para vender, sé que tengo más ingresos para repartir. Formar un equipo es un paso necesario para el crecimiento.

Más adelante haremos un análisis sobre cuáles son las áreas que debería cubrir mi equipo para que yo pueda desarrollar las actividades que más me gustan, y en las que además soy bueno, con libertad. También veremos a detalle cómo se dividen nuestros días de trabajo para poder incluirlos en un calendario y completar lo que hasta ahora hemos trabajado.

DESARROLLO ESPIRITUAL

La palabra espiritual tiene distintas connotaciones de acuerdo al contexto desde el que se le vea, pero, sin importar cuál sea el enfoque, todas sus definiciones tienen algo en común: el trabajo de las virtudes humanas.

Las virtudes son todas aquellas construcciones conceptuales que encaminan nuestra forma de pensar y actuar en la búsqueda del bien, ya sea con otros o con nosotros mismos; sin embargo, por su naturaleza abstracta, es casi imposible desligarlas de la práctica en nuestro día a día, es por eso que frecuentemente se le asocia con actividades religiosas, cuando la realidad es que su desarrollo también puede obtenerse de la lectura, momentos de profunda reflexión, la meditación, algunas prácticas de índole deportivo y la participación en actividades sociales o ecológicas entre muchas otras. Digamos, para no complicarlo demasiado, que las virtudes se desarrollan en la medida que nos involucremos en el crecimiento de nuestro ser.

Existen muchas y muy variadas virtudes, todas aplicables a nuestra vida diaria, pero el correcto desarrollo de algunas de ellas ayuda a impulsar particularmente nuestra capacidad de conectar con otras personas, y en ellas nos enfocaremos.

Este capítulo tiene la intención de que, a través de la reflexión, encontremos las oportunidades de crecimiento que tenemos para cada virtud. Aunque en cada una veremos algunos ejemplos de cómo podríamos desarrollarla, la realidad es que la conquista de las virtudes está en cada pequeña situación que se nos presenta a lo largo de la vida. Dedicar tiempo al crecimiento de nuestro pilar espiritual impulsa de forma natural el desarrollo de nuestros otros pilares, por eso adquiere un papel fundamental en la obtención de nuestros objetivos.

ACEPTACIÓN

Comencemos por decir que no es lo mismo que resignación. Quien acepta asume lo sucedido y lo integra como parte de su vida para seguir avanzando; quien se resigna, aunque entiende que las cosas son así, toma una postura de víctima ante la vida, pues tiene que conformarse con lo que le alcanzó. La aceptación es indispensable para la trascendencia, pues de ella se desprende la confianza que tenemos en nosotros mismos y en lo que hacemos. Para desarrollarla, no existe método más efectivo que la reflexión. Al caer la noche, cuando las urgencias del día han pasado y no queda más que esperar a que llegue la mañana con nuevas tareas; cuando el cuerpo descansa y la mente puede despegarse un poco de las situaciones que atravesamos, es un buen momento para ver desde arriba cuáles fueron las actitudes que tomamos, cómo enfrentamos los hechos del día y qué nos dejan para seguir adelante.

Estamos acostumbrados a que las emociones "se nos pasen", y listo, pero este no es un proceso de aceptación. Retomar con una mirada serena los acontecimientos del día nos ayuda a identificar la huella de nuestros pasos y entender cuál es el valor que existe detrás de ellas. El coraje incomprendido volverá a aparecer; el que se comprende y asume, en cambio, se convierte en aprendizaje.

ASERTIVIDAD

La asertividad es una cualidad que recubre distintos ámbitos de nuestra vida, principalmente la comunicación. Una persona asertiva es capaz de comunicar de forma clara y objetiva sus puntos de vista, sin emplear recursos emocionales agresivos o chantajes. Quienes son asertivos se expresan con firmeza y respeto, conociendo los límites de sus capacidades y con plena disposición al diálogo. En nuestra labor diaria, la asertividad funciona como vínculo natural con las personas; nos regala herramientas para el convencimiento y pule nuestra retórica para facilitar nuestra generación de conexiones.

Una buena forma de trabajar la asertividad en nuestra comunicación es teniendo conversaciones enriquecedoras, y en eso podemos apoyarnos con nuestros compañeros de vida o de conversación, como vimos en el área social de nuestro pilar personal. El diálogo es un medio de interacción poco valorado en la actualidad. Estamos tan acostumbrados a dejar caer nuestras opiniones de forma casi visceral a través de aparatos electrónicos y medios digitales que algunas veces pasamos por alto el hecho de que quien recibe las palabras es una persona. Al poner sobre la mesa temas controversiales y vernos en la necesidad de defender nuestro punto y aprender de los puntos compartidos por los demás, estamos trabajando nuestra capacidad de comunicarnos adecuadamente y mantener la serenidad durante el diálogo.

AUTOCONCIENCIA

Lo veremos más a detalle en algunos ejercicios próximos, pero lo que ahora nos ocupa es definirla. La autonciencia, como la aceptación, nace de la reflexión constante. Saber en dónde estamos parados es necesario para avanzar por el mundo con seguridad. ¿Cómo podríamos caminar hacia nuestros objetivos cuando no tenemos idea de nuestra ubicación actual? Cuando somos conscientes de nuestras capacidades, habilidades, emociones y actitudes podemos regular nuestro comportamiento y tener un mayor control sobre lo que sucede. Quién soy, qué hago y hacia dónde voy.

AUTONOMÍA

Es un término frecuentemente empleado para hablar de situaciones relacionadas con las finanzas personales, pero la realidad es que la virtud rebasa por mucho el hecho de no depender económicamente de alguien más. La autonomía es la capacidad que tenemos de tomar decisiones por nosotros mismos con la libertad emocional requerida para no cargar con culpas. La dependencia es el antónimo perfecto de autonomía, pero es una palabra tan fuerte que nos hemos dedicado a desterrarla de nuestra realidad porque a menudo la relacionamos con debilidad. Te voy a decir algo: la autonomía no es algo que se consigue de la noche a la mañana. La dependencia emocional es tan común como el gusto por el aguacate. Nacemos siendo dependientes, por eso debemos desarrollar la autonomía desde un trabajo de crecimiento consciente que nos permita deslindarnos de todo lo que no es nuestro y no nos corresponde para partir desde ahí hacia el destino que queremos alcanzar.

No hay atajos para alcanzar la autonomía, sólo a través del autoconocimiento, la reflexión constante y el cambio en los hábitos diarios podemos irla conquistando.

COMPROMISO

El compromiso es una virtud que abarca muchas otras, entre ellas el respeto. Asumir el compromiso es hacerse responsable de todo lo que nos corresponde hacer para alcanzar nuestros objetivos. Podríamos hablar del compromiso que hacemos con terceras personas, pero en este caso, y para comenzar, tenemos que sentirnos comprometidos con nosotros mismos, con nuestro proyecto y nuestros propósitos. Quien no es capaz de mantener un compromiso hacia sus ideales no se está respetando. Puesto de una forma simple: no podemos esperar que otros nos tomen en serio cuando nosotros mismos no lo hacemos.

Aunque en sí mismo se trata de un concepto abstracto, podemos ver el compromiso de forma tangible en el cumplimiento de los límites que establecemos para nosotros mismos, ya sea en las tareas diarias o en el control emocional y de acción que determinamos como parte de nuestro objetivo, por eso esta virtud está directamente relacionada con la planeación, porque solo así podemos poner a prueba nuestro compromiso y ejercitar nuestra capacidad de llevarlo a un nivel cada vez más profundo.

CONFIANZA

Ciertamente, la confianza funciona en muchas ocasiones como una consecuencia. A través del arrojo conseguimos vivir situaciones que se convierten en la experiencia necesaria para sentirnos seguros al realizar cierta actividad; pero a todos nos ha pasado enfrentarnos a una cuestión que conocemos de sobra y a la que deberíamos encarar con confianza y sin embargo, nos sentimos inseguros. La confianza es una construcción que podemos obtener a partir de un ejercicio reflexivo en 3 pasos:

1.   *Repaso de nuestras capacidades y éxitos*

Cuando, ante una situación nueva, nos sentimos inseguros, lo mejor que podemos hacer es recordar otros momentos en los que nos hemos sentido de manera similar y al final hemos salido vencedores. Una vez identificados cuáles son estos momentos, podemos desglosar todas las capacidades que necesitamos y los conocimientos en los que nos apoyamos para salir adelante. Para que el ejercicio funcione mejor, podemos hacer una lista que nos ayude a digerirlo más rápido y tenerlo presente.

2.   *La aceptación de las consecuencias*

No vamos a avanzar ciegamente. Tener un amplio panorama como referencia de las consecuencias que pueden tener nuestros actos es la única forma de borrar la incertidumbre. Imagina cuáles serían los peores escenarios (razonables) a los que pudieras enfrentarte si las cosas no salen como esperabas y anótalos en un papel. Después anota junto a cada uno de ellos por qué no van a suceder. Ver las soluciones escritas te ayudará a darte cuenta de lo que tienes cubierto y lo que necesitas trabajar para enfrentar la situación con mayor seguridad. Este ejercicio nos ayuda a prever problemas y, sobre todo, a encontrar el camino que nos aleje de ellos.

3.   *Haz una proyección positiva de la situación.*

Visualizar. Existen diversos contextos actuales que se han encargado de restar mérito al hecho de visualizar las situaciones como esperamos que resulten. La realidad es la siguiente: visualizar el escenario ideal no lo va a hacer aparecer frente a ti, pero que tú lo tengas claro sí te va a motivar a llegar y te ayudará a encontrar las herramientas que necesitas en el camino. Los deportistas son un claro ejemplo de cómo funciona: no hay futbolista que no se visualice campeón antes de levantarse a entrenar todos los días. Al final, si queda campeón, no fue la proyección lo que lo hizo posible, pero sí le dio sentido a cada pequeño paso y fortaleció su confianza para creer en sus capacidades.

EMPATÍA

Lo veremos a lo largo del libro. Ser empático con las personas que nos rodean nos permite generar una conexión real y profunda con ellos. No podemos vivir lo que ellos han vivido, ni sentir lo que han sentido, pero podemos ver a través de sus palabras la realidad que refleja su vida y comprender cómo llegaron al lugar en el que están, esto es fundamental para salir del juicio superficial y poder entablar una relación sostenida por la confianza, que es lo que buscamos en cualquier ámbito de nuestra vida, incluido el profesional.

Para desarrollar nuestra capacidad de ser empáticos lo primero que debemos hacer es cambiar el juicio urgente por una pregunta. Digamos que en un centro comercial vemos a una señora que le grita a su hijo pequeño mientras lo lleva a estirones de la mano. Nuestro primer pensamiento podría condenar a la señora por el maltrato, pero estaría basado en un hecho aislado y fuera de contexto. Si en lugar de emitir un juicio urgente respecto a la situación nos preguntáramos qué pudo haber hecho el niño para irritar a la mamá de esa manera, seguramente seríamos menos duros con ella. Aunque el ejemplo es burdo, funciona para presentar de manera simple lo que muchas veces sucede en nuestras relaciones personales o profesionales.

FLEXIBILIDAD

Es una virtud que por lo general crece a la par de la empatía. No hablamos de la flexibilidad física, que sin duda también trae beneficios a la vida diaria, sino de la flexibilidad mental, de una apertura de pensamiento.

Nuestro pensamiento está determinado por distintos patrones culturales y familiares, de ahí nacen nuestras primeras concepciones de lo bueno y lo malo y todo lo que asumimos como normal o cotidiano. Conforme crecemos, estamos expuestos, unos más que otros, al choque de pensamiento con personas que crecieron bajo circunstancias de vida diferentes o acuñaron valores distintos a los nuestros, nuestra capacidad de abrirnos al entendimiento imparcial de su realidad para enriquecer la nuestra es a lo que llamamos flexibilidad de pensamiento.

Las personas que desarrollan una alta flexibilidad suelen tener algo en común: han escuchado, leído o experimentado historias lejanas a su realidad, lo que les permite conectar con facilidad. Viajar nos empapa de culturas distintas a la nuestra y expande las barreras de nuestros pensamientos al ver cómo se puede vivir bajo otros parámetros. La literatura también es un medio para conocer profundamente otras realidades y no exige más que un poco de dedicación.

GRATITUD

Mostrarse agradecido parece un acto simple. En la educación básica que recibimos en nuestros hogares aprendemos a dar las gracias cuando alguien más comparte algo con nosotros, pero la gratitud es un estado que va más allá de las palabras. Cuando no nos sentimos merecedores de lo que estamos recibiendo o creemos que nos dieron menos de lo que en realidad deberían, frecuentemente despertamos una sensación de rechazo, y no está mal que tengamos claro cuánto vale lo que hacemos y en ocasiones nos sintamos insatisfechos, pero en este caso no se trata de justicia, sino de gratitud.

Quien rechaza lo que la vida le otorga está rechazando en realidad la vida misma. Todo lo que nos llega forma parte de un aprendizaje, más allá de los beneficios que además pueda traernos. Estar abiertos a recibir con un sentido de agradecimiento es una norma básica para quienes buscan estabilidad, paz y abundancia.

Una noche, antes de dormir, pasé por el cuarto de mis hijos y les pregunté qué tenían que agradecer de todo lo que vivieron durante el día. A veces es complicado mostrarle a un niño la importancia de ser agradecido, no porque no pueda sentir agradecimiento, sino porque está tan habituado a una sola realidad, que le cuesta distinguir la riqueza de la que su vida está llena; el ambiente, los recursos y las ventajas con las que cuenta son una verdad asumida como normal. En eso tampoco somos tan distintos los adultos: nos acostumbramos tanto a estar en nuestro espacio que nos olvidamos de lo mucho que nos costó a nosotros y a los que estuvieron antes llevarnos hasta ese lugar. El caso es que, cuando les hice la pregunta, Jacobo me miró, molesto, y me dijo que él no quería agradecer nada. ¿Nada de nada? No, nada de nada.

Su hermano, Andrés, que tiene una sensibilidad un poco más desarrollada y una mejor capacidad introspectiva, entró al quite por mí. Intentando hacerlo reflexionar, le dijo que había comido, que había ido a la escuela… ¡que había despertado en la mañana! Me da risa porque a veces se pone muy serio. Yo no quise sumarme a la alegata porque entendí que si me ponía a explicarle a Jacobo las razones por las que debía estar agradecido, lo iba a sentir como un mandato, y no iba a generar una conexión real con él. Cuando alguien agradece algo y no lo siente, en el fondo lo resiente.

La cosa parecía clara y había que darle solución de la manera más amigable posible: Jacobo había tenido un mal día y probablemente estaba deseando ser o tener lo que alguien más era o tenía; mi tarea era encontrar la forma de hacerle ver el valor de todo con lo que él contaba sin pasarle los juguetes y la comida por los ojos, entonces decidí inventarme un cuentito rápido para convencerlo. No seré el mejor cuentista, pero he descubierto que la improvisación se me da bastante bien y que una de mis principales herramientas para conectar con la gente es utilizar imágenes, alegorías o metáforas, así que lo hago cada que veo oportunidad.

Había una vez - fui enhebrando las ideas a como fueron saliendo - un perrito de casa que veía pasar por la ventana, todos los días, a un lobo de bosque. El perrito lo veía con gran admiración, pero a la vez con un poco de envidia. Le gustaban sus colmillos afilados, el pecho inflado con el que se paseaba, su mirada y su rostro feroz; le gustaba la forma en que imponía respeto cuando los demás lo veían. Al perrito le parecía que no había nada mejor que ser un lobo de bosque, porque podía defenderse de cualquier cosa con sus garras enormes y andar libremente por cualquier lugar. Lo único que le molestaba al perrito, en realidad, era que él y el lobo se parecían mucho, pero no tenían las mismas habilidades.

Un día, mientras el perrito estaba en el jardín de la casa, vio al lobo caminando y le pegó un par de ladridos para que volteara. El lobo se acercó, feliz de que alguien quisiera hablar con él.

- ¿Qué pasa, perrito?
- Te voy a decir qué me pasa - le dijo el perrito -. Tú y yo somos muy parecidos: los dos tenemos colmillos, pero los tuyos son más largos que los míos; los dos tenemos garras, pero las mías apenas alcanzan a verse; los dos podemos gruñir, pero cuando tu gruñes espantas a cualquiera. ¡No es justo! Si somos tan parecidos, porque no puedo ser así de feroz, temible y poderoso como tú.

El lobito se le quedó viendo por algunos segundos, pensativo, y después le dijo:

- A mí me gustaría tener una casa donde dormir, no tener que cazar para comer y que siempre me estén esperando en casa; quisiera que la gente se acercara para acariciarme en lugar de correr cuando me ven, y hasta me daría gusto que me subieran al carro o me pasaran a la sala con toda la familia. Yo creo que el más afortunado de los dos eres tú, perrito.

El perrito aprendió la lección. Ser agradecido es entender lo que somos y tenemos como un regalo que ya nos ha sido dado. Todos tenemos algo que agradecer, es sólo que a veces no hemos visto con atención todo lo que tenemos.

Después del cuento me preguntaron por qué si el perrito tenía tantas ganas de ser como el lobo no se salió al bosque con él, pero yo cómo iba a saber si no inventé el cuento. Al final, Jacobo dio gracias por lo que tiene.

INTEGRIDAD

La integridad y la congruencia son dos virtudes complementarias. Ser íntegro representa alinear tus actos a los valores que te rigen. Cuando no tienes unos valores bien definidos, es difícil distinguir cuando estás perdiendo el camino. Para mantener la integridad, primero hay que definir de qué está compuesta. Como vimos en el pilar personal, la definición de nuestros valores determina el sentido de nuestros actos.

Mantenerse íntegro es el ideal de cualquier persona que base su vida en el aprendizaje más que en el objetivo, porque los objetivos pueden ir variando a lo largo de la vida, pero la construcción de nuestra persona es lo único a lo que no podemos renunciar.

OPTIMISMO

Contrario a lo que muchos puedan llegar a pensar, ser optimista no implica despegarse de la realidad y formar expectativas improbables de la vida. Ser optimista es mantenerse esperanzado sin importar las circunstancias que se presenten. ¿Por qué es una virtud importante? Porque, como emprendedores, para mantenernos en pie necesitamos creer que nuestro proyecto es posible, y en esa necesidad el optimismo juega un rol protagónico. Ser optimista también fortalece el crecimiento de nuestro pilar profesional desde el punto de vista del autoaprendizaje: quien pueda ver el lado positivo de las situaciones por las que pasa siempre tendrá motivos para aprender.

PACIENCIA

Todo cae, tarde o temprano. La gravedad es una ley inquebrantable, al menos desde nuestra posición en el universo. De la misma forma, todo trabajo se ve recompensado de alguna u otra manera cuando se hace con una intención firme. En la vida del emprendedor, nada es tan necesario como la paciencia. El camino está lleno de percances y desalientos. Vivimos en un entorno sistematizado en el que cualquiera que busca una salida distinta es juzgado como loco. Tu camino estará lleno de decepciones. Habrá gente en la que confías profundamente que cuestionará tus pasos como si conociera la fórmula perfecta para no equivocarse. No te detengas, sé paciente. Entiende que los desalientos parten también, en algunas ocasiones, desde un deseo de éxito: a nadie que te quiera le gusta ver que las cosas no te están saliendo. Busca rodearte de quienes alientan tus pasos, y cuando los distractores comiencen a afectarte, afiánzate en la seguridad de tu trabajo diario. Todo cae, tarde o temprano.

PERSISTENCIA

De nada sirve ser pacientes si no somos al mismo tiempo

persistentes. Las cosas llegan para quien las trabaja. La persistencia es terquedad vuelta virtud; esa firmeza con la que nos levantamos a hacer las cosas aún y cuando no estemos viendo resultados inmediatos, y desarrollarla es indispensable para poder pensar en plan grande.

Algunas veces es complicado alcanzar a dimensionar el impacto que nuestras pequeñas acciones tienen en los objetivos que nos planteamos, es entonces cuando la persistencia cuesta más, por eso es importante definir metas a corto plazo que nos sirvan para medir los avances que estamos teniendo, de otro modo los objetivos parecen siempre lejanos, difusos e inalcanzables.

Otra buena forma de materializar los resultados de la persistencia es ver cómo funciona en otros aspectos de nuestra vida. Por ejemplo, es posible que el crecimiento que buscas como emprendedor requiera un proceso de tiempo prolongado e implique cumplir con infinidad de actividades que irás resolviendo en el camino; en cambio, el ejercicio y la dieta arrojan resultados visibles casi desde la primera semana. Si te cuesta visualizar la trascendencia de ser persistente en tu vida profesional, márcate un objetivo físico, encontrarás que las decisiones que tomas al despertarte, al dormir y antes de cada comida influyen enormemente en la obtención de tus objetivos.

PRUDENCIA

Esperar el tiempo y lugar adecuados para decir o hacer las cosas puede ser lo único que cambie un sí por un no. Aprender a leer las circunstancias que rodean cada momento es como tener un sexto sentido, por eso representa una ventaja. Quienes van por el mundo gritando a cada momento lo que piensan terminan por convertirse en esclavos de sus propias palabras.

Es fácil utilizar como excusa la honestidad cuando notamos que cometimos una imprudencia, no lo hagas, lo único que lograrás es convertirte en tu propio enemigo. Ser prudente no implica despegarte de lo que eres, es solo una forma de serlo más libremente, sin todas esas consecuencias que termina cargando la consciencia.

RESPETO

Uno de los halagos más honestos y entrañables que se le puede hacer a una persona es referirse a ella como un ser humano respetable. El respeto es algo que solo se gana con el tiempo, pero, en cambio, se ofrece todos los días. Si aprendiéramos a tomar cada palabra que recibimos en el día como parte de un contexto que desconocemos y al que le debemos el mismo respeto que al nuestro, tendríamos un sentido del humor mejor desarrollado, una capacidad de aceptación incomparable y nuestras habilidades para conectar a tope. El respeto parte del entendido de que cada quien tiene una historia personal, y a ella respondemos de forma consciente o inconsciente. Visto de esta forma, juzgar parece más un acto cruel que divertido.

En el mundo del emprendimiento y las ventas conocemos distintas historias todos los días. Partir del respeto nos ayuda a poder conectar con nuestros interlocutores para poder ofrecerles un beneficio real, y no solo mantener una conversación superficial con una intención de por medio.

RESILENCIA

Levantarse y aprender. Hay tatuajes mentales que valen la pena, y este podría ser uno. La resiliencia es un término que fue empleado por vez primera en la psicología para referirse a la acción de superar constantemente las dificultades y sacar de ellas un aprendizaje que nos tire hacia adelante. Levantarse y aprender, no hay más. Si vas a ser un emprendedor, necesitas saber que tu vida se resume en 3 actos con repetición infinita: te caes, te levantas y aprendes.

La resiliencia no es un don con el que se nace, sino una actitud que sólo se adquiere después de múltiples caídas, así que para desarrollar esta virtud el único método es arrojarse, atreverse a transformar el miedo en emoción y encontrar también en la caída una recompensa. ¡Lánzate sin miedo!

RESPONSABILIDAD

Solemos asociar la responsabilidad con los actos, cuando en realidad es una cuestión que va más ligada a los pensamientos. Es verdad que ser responsable pareciera tratarse de cumplir con lo que nos corresponde, pero ¿qué es lo que nos corresponde realmente?

Cada uno de nuestros actos impacta de forma directa o indirecta el entorno en el que vivimos, a los seres que nos rodean y nuestra propia realidad. Pudiéramos decir que, entonces, ser responsable sería asumir las consecuencias de los actos que cometemos, pero es ahí en donde con frecuencia nos equivocamos. Quien está consciente de que sus actos ocasionan movimientos a su alrededor debe actuar bajo ese mismo criterio. Asumir responsabilidad es una decisión de cada momento. No es responsable quien paga los daños del coche al que impactó, es responsable quien mientras maneja cuida tomar las decisiones correctas y evita movimientos imprudentes; de la misma forma, hablando de nuestra propia vida, ser responsables no implica asumir el futuro que hemos construido, sino saber que soy dueño de mi propio futuro y tomar mis decisiones con el peso que eso implica, solo de esta forma estaremos seguros de estar avanzando hacia el destino que queremos.

Todos los días se presentan ante nosotros distintas oportunidades para evadir nuestras responsabilidades. Cuando esto está directamente relacionado a actividades puntuales lo llamamos procrastinación, un término odiable y difícil de enfrentar. Pero cuando asumimos el compromiso de hacernos responsables de cada paso que damos, la procrastinación no tiene espacio para aparecer, porque vivimos en un estado consciente que nos convence de lo que es mejor para nosotros sin importar cuáles sean las circunstancias. Las metas se vuelven inalcanzables para quienes no asumen su propia responsabilidad.

SACRIFICIO

Entender que no todo se puede es básico para hacer lo que queramos hacer. Todo sacrificio implica un dolor, por pequeño que sea. Si quiero comer alitas pero también se me antojó la hamburguesa, alguna de las dos opciones debe ser sacrificada, y aunque el dolor parezca imperceptible, existe. Con mayor razón sucede cuando estamos hablando de los objetivos que alguna vez nos planteamos. Decir que puedes hacer todo lo que quieras es mentira, porque no existe suficiente tiempo. Asumir que para lograr ciertas metas necesitas dejar atrás otras te ayudará a evitar la frustración para que puedas enfocarte de lleno en tus prioridades.

Cuando el sacrificio es involuntario es imposible tomarlo bien. No es lo mismo dejar de comer porque sabes que fue suficiente, que levantar la hamburguesa del plato y ver como cae al piso por un mal movimiento de tus manos. Decide a tiempo, asume el sacrificio, levanta la cabeza y ve por lo que quieres.

VALENTÍA Y CORAJE

Nada de lo que sueñas será posible si no estás dispuesto a enfrentar al mundo todos los días con tus anhelos entre los dientes. No hay mucho más qué decir.

Conseguir lo que queremos es una cuestión de actitud, pero también de virtud. El plano espiritual es mucho más amplio de lo que parece cuando se nombra, y su impacto en el resto de nuestros pilares trasciende cualquier especulación. A diferencia de nuestras demás facetas, la espiritual no exige demasiado tiempo ni preparación, sólo tomar conciencia de nuestros actos y ver en cada situación la oportunidad de crecer como seres humanos.

CONECTAR CONTIGO PARA CONECTAR CON EL RESTO

Intentar conectar con alguien más sin estar conectados con nosotros mismos es como enchufar una lámpara a una extensión que está desconectada de la fuente de luz: no importa con cuánta fuerza muevas el interruptor, no va a encender. Ya lo hemos visto.

Aun si estamos pasando un mal rato, es indispensable tener conciencia del momento que estamos viviendo y conectar con esas sensaciones para poder expresarlas y encontrar eco en la cabeza y el corazón de alguien más, no hay otra forma de conectar con el resto que a través del propio reconocimiento en los demás. Ahí radica la importancia de viajar hasta el centro de nosotros mismos para ubicarnos y poder partir hacia donde queramos.

Cuando no tenemos referencia de cuáles son esos detalles que nos definen, es difícil reconocer el estado general en el que nos encontramos respecto a nuestro desarrollo integral. Hacer un repaso general por la definición de los pilares que sostienen nuestra vida era indispensable para dar el siguiente paso: analizar en dónde estamos parados.

¿EN DÓNDE ESTOY PARADO?

Después de haber visto y comprendido los 4 pilares que sostienen nuestra vida, y con los aprendizajes que fuimos adquiriendo durante la lectura, es momento de hacer un poco de introspección. De nada nos serviría haber conocido la influencia de nuestro desarrollo integral en nuestra realización profesional y la obtención de los objetivos que nos trazamos si no analizáramos cómo nos encontramos al respecto en la actualidad.

Para saber en dónde nos encontramos actualmente hay que analizar la ruta que hemos recorrido, así que comencemos por el pasado. Todos tenemos un pasado, y es inevitable despegarnos de él, como lo vimos en el pilar personal. Lo que sí podemos decidir es con qué parte de ese pasado nos queremos quedar, qué cosas nos sirven para equilibrar nuestro presente y partir hacia el futuro que visualizamos, y eso haremos.

Las siguientes páginas representan la oportunidad de retomar todo aquello que nos impulsa y nos da vida. Busca una pluma y tómate 10 minutos para escribir en ellas qué rescatas de tu pasado para cada uno de tus pilares. El ejercicio de escribir nos ayuda a hacer conciencia sobre las cosas y tener una referencia concreta de un acuerdo que estamos haciendo con nosotros mismos. Dejar un testimonio escrito de cualquier cosa es llevarlo de nuestra cabeza a la realidad en la que habitamos, por eso es importante, con mayor razón cuando hablamos de reconstruir nuestro presente. Si necesitas más espacio, guarda las hojas que utilices junto a tu libro al terminar la lectura, la intención es que esta sección se convierta en una referencia hacia la que puedas voltear cuando te sientas desubicado.

PILAR PERSONAL

Escribe las fortalezas que sostienen tu pilar personal. Qué actividades, frases, momentos, sentimientos y pensamientos recuerdas que te hacen sentir en plenitud con tu persona. Pueden ser recuerdos familiares, momentos compartidos con amigos o etapas de la vida en las que te sentías en paz. Se trata de hacer consciente el valor de tu persona a través de un recorrido por tu vida. En pocas palabras: Si tuvieras que contar lo que te enorgullece de tu persona, ¿qué contarías? Suelta la mano, no te limites.

_____

_____

_____

_____

_____

_____

_____

_____

_____

_____

_____

_____

PILAR FÍSICO

Puede ser que ahora no tengas el mejor estado físico, pero seguramente existe algún momento de tu vida en el que te sentiste más cerca de la plenitud en ese aspecto, ¿cuáles de esas sensaciones recuerdas que te impulsen hacia tu ideal físico? ¿Cómo era tu salud entonces y a qué se debía? ¿Cuáles eran tus motivaciones? ¿Qué tipo de actividades te ayudaban a mantenerte en forma? ¿Qué era lo que disfrutabas de estar bien físicamente? Escríbelo y tómalo para tu presente.

_____

_____

_____

_____

_____

_____

_____

_____

_____

_____

PILAR PROFESIONAL

Logros. Cuando buscamos impulso necesitamos recordar todos aquellos logros que despiertan en nosotros una sensación de éxito alcanzado. Al anotarlos los hacemos presentes y podemos tomar de ellos la fuerza, la voluntad y la motivación de sabernos capaces. ¿Qué éxitos académicos o profesionales recuerdas a lo largo de tu vida? No tienen que representar un gran impacto para tu entorno, basta con que a ti te haya marcado haber alcanzado ese objetivo: desde un título hasta cumplir con una tarea o explicarle a un compañero; todo logro implica una labor, y esa labor debe ser reconocida para hacerla parte de nosotros.

PILAR ESPIRITUAL

Es normal tener etapas de la vida en las que dedicamos más tiempo a la reflexión y el desarrollo de las virtudes que en otras, recordar esas etapas nos ayuda a reafirmar los valores que nos sostienen como personas para poder seguir nuestro propio camino con libertad. No hace falta ser demasiado idealista para soñar un poco, escribe aquí todo aquello que le ha dado sentido a tu vida por alguna razón y qué virtudes pudiste desarrollar mientras realizabas esas actividades o te dedicabas a esos pensamientos.

_____

_____

_____

_____

_____

_____

_____

_____

_____

_____

_____

_____

_____

EL VIAJE APENAS COMIENZA

Puede parecer una actividad tediosa, pero no se trata más que de un encuentro con nosotros mismos. Si te saltaste las páginas anteriores, ve por una pluma y haz el ejercicio, te aseguro que vas a disfrutar el proceso y terminarás con la certeza de haber construido en tu persona mucho más de lo que crees. Además, la actividad aún no termina, ahora viene lo mejor.

Hacernos conscientes de qué queremos tomar de nuestro pasado es como hacer la maleta para ver qué usaremos durante el viaje. Nadie disfruta tanto haciendo su maleta como paseando por la playa, pero sin traje de baño seguramente la playa no sería igual de placentera.
Vayamos al presente.

<u>PRESENTE</u>

Ya rescatamos del pasado todas las cosas con las que nos queremos quedar, desde los momentos que definieron nuestra personalidad, hasta las actitudes y logros que nos llevaron al lugar en el que estamos y las virtudes que construimos a partir de nuestros ideales de vida. Ahora sí, es momento de aterrizar en donde estamos y ver qué cosas de las que hacemos ahora nos sirven para marcar el camino sobre el que queremos caminar hacia el futuro.

Escribe en las siguientes páginas cuáles de las actividades y actitudes que tomas hoy en día te sirven para proyectar el futuro que esperas. No te preocupes por todo aquello que no estás haciendo, ya tendrás un momento para plantearte cómo te ves en el futuro y qué cambios necesitaste hacer para llegar hasta allá, en este momento se trata de ubicarnos en el presente: con qué me quiero quedar de lo que estoy haciendo.

Lo ideal es hacer un ejercicio por pilar, de esta forma podemos hacer un examen minucioso y darnos cuenta de todo lo que estamos haciendo bien para equilibrar y fortalecer nuestro crecimiento, pero si te resulta más práctico puedes cubrir los 4 pilares en un mismo espacio.

PILAR PERSONAL

Mientras más específicos seamos al describir las acciones que estamos haciendo bien, más fácil será recrearlas en el futuro. En estas líneas van todas aquellas prácticas que fortalecen tus lazos familiares, los límites que has puesto en las relaciones sociales y lo hobbies que disfrutas y están alineados al resto de tus objetivos; también son parte los momentos que dedicas para la reflexión y el tiempo que dedicas para escuchar tus propias inquietudes. ¡Todo cuenta! Si de los 45 minutos que pasas en el tráfico dedicas 15 a reflexionar sobre tu día, ya tienes una práctica que preservar. Déjate fluir.

_____

_____

_____

_____

_____

_____

_____

PILAR FÍSICO

Puede ser que estés gozando la plenitud física de tu vida y sea ahora cuando te sientas más saludable; también puede ser que no. Aún siendo así, debe haber prácticas que puedas rescatar, quizá el hábito de desayunar todos los días o el examen médico que te realizas cada determinado tiempo. Repasa todas las actividades de tu día, desde que te despiertas hasta que te vas a dormir, y define cuáles son las que construyen hacia tu objetivo de realización.

_____

_____

_____

_____

_____

_____

_____

_____

PILAR PROFESIONAL

Dentro de nuestro desarrollo profesional, existen actitudes positivas que damos por hecho o herramientas destacadas que utilizamos a menudo y de las que no somos conscientes. Este es un buen momento para darte crédito. Analiza todos los detalles que impactan favorablemente tu faceta profesional y enuméralos aquí abajo. No te límites, lo que para ti es una cuestión de trámite, para otros toma años de esfuerzo. Si alguna vez quisiste poder halagarte libremente sin sentirte demasiado confiado, el momento es ahora. Confía y escribe.

_____

_____

_____

_____

_____

_____

_____

_____

PILAR ESPIRITUAL

Como ya vimos, no hace falta asistir al templo todos los días o sembrar árboles por toda la ciudad para estar en contacto con nuestras virtudes. Escribe en las siguientes líneas qué prácticas de la vida que llevas actualmente te han hecho crecer profunda y esencialmente. Este es un ejercicio personal, nadie te va a juzgar. Si ver *Dr. House* te provoca reflexionar sobre tu trato hacia las personas con las que convives y tu papel como profesionista en el desarrollo de la humanidad, anótalo aquí abajo.

_____

_____

_____

_____

_____

_____

_____

_____

_____

FUTURO

Tomamos del pasado lo necesario y nos lo trajimos al presente. Hicimos consciente todo lo que estamos haciendo en nuestro presente y nos conduce a los objetivos que nos trazamos. Ahora es momento de visualizarnos y descubrir qué tenemos que trabajar para llegar hasta donde queremos.

Algo que nos distingue de los animales es nuestra capacidad de proyectarnos a futuro y poder visualizar la realidad en la que queremos estar. A pesar de que vivimos la mayor parte del tiempo inmersos en las sensaciones de lo que estamos pasando, somos capaces de planear a detalle cómo llegar hacia otros sitios, y a esa capacidad pondremos a trabajar ahora.

El siguiente ejercicio del futuro se divide en dos etapas complementarias. La primera está llena de imaginación, proyección y deseo; tiene espacio para la creatividad y no exige más que definir con claridad. La segunda es análisis y construcción, un proceso de observación que nos permite obtener toda la información que necesitamos.

Proyecta sin límites

Antes de comenzar a escribir, piensa en objetivos que puedas alcanzar en 30, 90 y 180 días. Una vez que tengas algunas opciones para cada periodo de tiempo, elige las 3 con las que te sientas más comprometido y escríbelas como encabezado en las opciones de abajo. Ahora viene lo más entretenido: visualízate con el objetivo alcanzado, ubícate en ese futuro y describe en el papel cómo es estar ahí, desde cuestiones físicas como el entorno en el que te encuentras hasta sensaciones, emociones y personas con las que compartes tus sensaciones. La intención de este ejercicio es que realmente logres imaginar lo que se siente estar en ese sitio, así que deja que tu imaginación recorra cada pasillo de tus deseos y describe las escenas como si se tratara de la película de tu vida.

Objetivo a 30 días:

_____

_____

_____

_____

_____

Objetivo a 90 días:

_____

_____

_____

_____

_____

Objetivo a 180 días:

_____

_____

_____

_____

_____

Ya tienes tus objetivos claros y los escenarios de cada uno bien detallados. Sabes cómo se ve, qué se siente y hasta cómo huele haber llegado. Ahora que alcanzaste el objetivo que buscabas, haz un análisis y escribe qué tuviste que agregar a todo lo que ya hacías para llegar hasta ahí. ¿Qué cambios hiciste en cada pilar de tu vida para alcanzar la meta de la que ahora disfrutas? Pudiera parecer un ejercicio complejo, pero no lo es en realidad. Apóyate en la definición de los pilares como guía de análisis. ¿Cuáles son las virtudes que trabajaste? ¿Qué actividades sacrificaste para dedicar más tiempo a lo que te hacía falta desarrollar? ¿Cómo incrementaste tu red de contactos? ¿De qué forma optimizaste el ambiente familiar en el que te desenvuelves todos los días?

PILAR PERSONAL

_____

_____

_____

_____

_____

_____

PILAR FÍSICO

_____

_____

_____

_____

_____

_____

PILAR PROFESIONAL

_____

_____

_____

_____

_____

_____

PILAR ESPIRITUAL

_____

_____

_____

_____

_____

_____

DEL MIEDO A LA DETERMINACIÓN

Ya que conocemos cuáles son nuestras fortalezas y qué aspectos de nuestros cuatro pilares necesitamos trabajar para alcanzar los objetivos que definimos, sólo queda un paso en el proceso: la planeación; pero antes de ver cómo planear de forma simple la obtención de cualquier objetivo, es necesario que hablemos de un tema determinante en el desarrollo de cualquier emprendedor: el miedo.

El miedo es una especie de temblor que recorre el cuerpo, nos desconcentra y nos lleva a un estado de alerta total. Por nuestra mente pasan millones de escenarios distintos y posibilidades fatales que se nos muestran como las opciones más viables ante cualquier movimiento. Cuando el miedo nos envuelve se nos juntan las ganas de reír y llorar; queremos decir de todo y no podemos pronunciar palabra. El miedo puede llegar a paralizarnos, pero también puede impulsarnos a movernos. ¿De qué depende? De nosotros.

Determinación. Esa es la diferencia entre quedarse en el miedo e ir a enfrentarlo. No importa el tamaño del reto ni el objetivo que queramos alcanzar, la determinación es el único medio para conseguirlo. Podemos conocernos profundamente, abrazar nuestras habilidades y tener un plan de acción perfectamente desarrollado, pero si no tenemos la determinación para lanzarnos hacia la conquista de nuestro objetivo, todo lo demás es un adorno. Existen innumerables casos que ejemplifican la determinación, pero en esta ocasión me remitiré a una experiencia personal que marcó una etapa de mi vida y me ayudó a fortalecer la voluntad con la que encaro cada situación.

Como parte de mi planeación de actividades, procuro hacer un espacio para convivir con mis hijos y sus intereses en un espacio libre de distracciones profesionales. Hace algunos años, aprovechamos las vacaciones de verano para rentar un cámper y recorrer en él una buena parte del sur de Estados Unidos. El viaje era atractivo para todos: a mí me relaja viajar en carretera y a mis hijos les encanta disfrutar de las actividades al aire libre. Montamos las bicicletas de cada uno y nos lanzamos hacia la frontera. Yo llevaba una encomienda particular: que mi hijo Jacobo rodara su bicicleta.

Aquí haré un pequeño paréntesis para explicar por qué iba con esa tarea. Hacía un par de meses, Jacobo, el mismo del cuento del perrito, me había pedido una bicicleta, a lo que yo accedí contento (cualquier distracción al aire libre me parece una buena excusa para pasar tiempo con mis hijos). Después de ver algunas opciones, me decidí por una que daba para crecer con él. La bicicleta traía sus llantitas de apoyo traseras, pero antes de dársela a Jacobo se las quité. ¿Por qué? Puede sonar encaprichado, pero yo quería que se lanzara a andar en bici superando su miedo a caerse, porque creo que la determinación debe ser el motor de nuestros actos, y no la falsa seguridad de que tenemos un apoyo. El caso es que a él no le parecía muy atractivo subirse así nada más, y constantemente me pedía que le colocara las llantitas. Como yo no se las ponía, él no se subía la bici.

Ahora sí, de regreso al tema. Durante la primera parte del viaje, Jacobo se la había pasado corriendo detrás de sus hermanos y haciendo cualquier otra actividad que no involucrara subirse a su bicicleta. Supongo que yo había sido bastante claro con el tema de las llantas, porque ya no me pedía que se las colocara, y a mí no me pasó por la cabeza preguntarle por su bicicleta porque no quería que su iniciativa naciera de algo ajeno a sus propias ganas. De cualquier forma, todos nos estábamos divirtiendo suficiente como para preocuparnos.

El caso es que, casi a mitad del viaje, una tarde, mientras descansábamos en un parque ecológico, Jacobo me dijo: papá, quiero subirme a la bici. Yo lo miré, un poco con sorpresa y a la vez emocionado por lo que me estaba diciendo, pero sobre todo con cierta reserva por cómo se estaban dando las cosas: él estaba descalzo y sin camiseta, sentado en una silla plegable, y el sitio en el que estábamos era una plancha de asfalto que desde mis ojos, en ese momento, parecía una lija. Pensé en mis opciones: puedo bajar la bicicleta y dejar que se arranque, corriendo el riesgo de que se caiga y no se vuelva a subir en meses; o puedo decirle que se ponga sus tenis y una camiseta porque se puede caer y rasparse la espalda. El segundo escenario parecía más pertinente, pero hacerlo implicaba meter en la ecuación el temor que Jacobo no tenía en ese momento, sembrarle a mi hijo un miedo que en realidad había nacido en mí y no tenía nada qué ver con él y sus ganas de andar en bici; asustarlo y retrasar su crecimiento. Dejé de pensarlo. Bajé la bicicleta y se la puse enfrente: ¡VAS!

Jacobo se subió y acomodó sus pies sobre los pedales. Se mostraba seguro. Yo lo empujé un par de metros para que tomara vuelo y lo solté frente al campo abierto. La realidad es que yo estaba nervioso, pero no podía titubear; de alguna manera, la determinación de Jacobo dependía también de mi seguridad. Después de mi empujón, Jacobo siguió de largo moviendo los pedales. Cuando se dio cuenta de que estaba avanzando solo, soltó una risa nerviosa de emoción y siguió pedaleando; yo me reí y grité como loco con él mientras lo perseguía. Ha sido uno de los momentos más emotivos de mi vida como padre, pero además representa la confirmación irrefutable de que no hay forma de avanzar sin determinación.

Ser determinado implica tomar una decisión y asumir un riesgo. No existe la seguridad de que las cosas vayan a resultar como esperamos. Jacobo pudo haberse caído, y entonces la historia no hubiera llegado aún a su final. Para recuperarse y alcanzar su objetivo, una vez más hubiera tenido que encontrar en la determinación la fuerza para subirse y pedalear, porque no hay otra forma de aprender, y aprender es la única manera de conseguir seguridad.

Cuando nos acostumbramos a huir del miedo, automáticamente rechazamos la emoción que existe en esa explosión de adrenalina que una situación nueva despierta en nosotros, y olvidamos que detrás de ese miedo se esconde nuestro objetivo.

En realidad, la huida es una reacción normal que debemos aprender a transformar, tan antigua como la parte reptiliana de nuestro cerebro. Es importante que lo tomemos así para no cargar culpas ni frustraciones. Nuestro cerebro emite la señal del miedo para protegernos, es un mecanismo de defensa que ayudó a que nuestra especie permaneciera con vida hasta la actualidad. ¿Se imaginan al hombre sin miedo enfrentando mano a mano a animales enormes?

Sacar el miedo de nuestras decisiones es como intentar detener el reflejo natural de una pierna golpeada en la rodilla: ¡imposible! Pero eso no va a detenernos, porque lo que sí podemos hacer es tomar el reflejo para pedalear con más fuerza; utilizar el impulso y la carga de energía que el miedo produce en nosotros para ir hacia donde queremos y, una vez ahí, dejar que la emoción haga su magia.

Cada vez que se nos ocurra una idea nueva o que enfrentemos una situación desconocida, el miedo se hará presente, es natural, nuestro cerebro intentará protegernos; pero seamos honestos: hoy en día de lo que deberíamos protegernos es del miedo a intentar cosas nuevas.

Transformar el miedo en determinación es la única forma de alcanzar lo que planeamos, por eso era importante tratar este tema antes de pasar a la planeación, porque de nada serviría tener un plan si nadie está dispuesto a seguirlo. La seguridad se adquiere con los aprendizajes que la determinación nos regala en el tiempo, después de las experiencias vividas. Lo que necesitas hoy es subirte a la bicicleta y que nada importe más que echarla a rodar. ¿Por dónde? Por donde traces tu plan.

En la medida que adquiramos nuevas habilidades a través del aprendizaje, la seguridad nos permitirá conectar con las personas por medios distintos. Mientras más herramientas tengamos, más fácil será conectar con las personas. Sería casi imposible que Jacobo se acercara a un grupo de niños que pasean en bicicleta antes de saber andar en la suya, porque se mostraría inseguro, distante y nervioso sabiendo que la bicicleta es el medio de conexión; ahora, en cambio, sería casi imposible que Jacobo no hiciera una conexión auténtica con ese grupo de niños, porque tienen algo en común, una zona en la que se sienten seguros de hablar y en la que pueden actuar de forma natural, que es la bicicleta. Nada de esto hubiera sido posible sin reconocer el miedo, afrontarlo, y encaminarse por el único sendero que permite aprovecharlo: la determinación.

SEGUNDA PARTE

PLANEACIÓN

Ahora sí, antes de arrojarnos, vale la pena tener un plan.

La planeación es una forma de medir y al mismo tiempo un respaldo. La intención es que además se convierta en un mapa, pero la realidad es que no siempre funciona así. Lo bonito de planear es que podamos ver en qué parte del proceso estamos. No importa si llegamos hasta ahí de un modo distinto al que imaginamos en un inicio, lo importante es ubicarnos y darnos cuenta de qué sigue.

Antes de comenzar nuestra planeación es necesario tener algo en cuenta: los detalles de un mapa dependen de nuestro conocimiento del camino. No te agobies si no conoces cada montaña con la que te toparás en la carretera, eso es parte de la experiencia y lo podremos adherir al mapa conforme avancemos, ahora lo único importante es tener una ruta y determinación para comenzar a andarla.

RUTA: 7 PASOS HACIA EL OBJETIVO

Para no perder la costumbre de las últimas páginas, hagamos concreto el trabajo a través de un ejercicio. Antes de comenzar, repasa rápidamente tus anotaciones anteriores referentes al futuro. En esta ocasión trabajaremos con tu objetivo a 90 días, pero esta actividad es replicable a cualquier meta que desees alcanzar.

Tomando en cuenta todo lo que ya conoces que tienes y lo que necesitas trabajar para alcanzar tus objetivos, ¿cómo definirías una ruta de 7 pasos para llegar hasta ahí? Procura que tus pasos sean medibles, porque solo de esta forma podrás ubicarte cuando necesites saber en dónde estás parado. Una vez que los tengas claros, escríbelos en las siguientes líneas.

Junto a cada paso, anota también una fecha estimada de resolución. Si no somos nosotros mismos quienes nos marquemos un límite será más fácil evadir nuestro compromiso. Si defines una fecha asumes una responsabilidad.

1. _____

2. _____

3. _____

4. _____

5. _____

6. _____

7. _____

Lo que tienes arriba es un plan de acción básico calendarizado para alcanzar tu próximo objetivo. Los detalles de cómo dividir los días para ser más productivo y aprovechar al máximo tu potencial los veremos en los siguientes capítulos, por ahora lo importante es que tengas la determinación para ir tachando una a una todas las líneas que conforman tu lista.

LA PRODUCTIVIDAD COMO CONSECUENCIA

Hemos llegado a la parte crucial del libro, la que invita a poner en práctica todo lo que hemos aprendido y lo combina con técnicas de persuasión que apoyarán nuestros esfuerzos por conectar.

De aquí en adelante nos enfocaremos más en el trabajo profesional asumiendo que todo lo personal, físico y espiritual ha quedado dispuesto para la obtención de nuestros objetivos.

Como hemos visto a lo largo del libro, la productividad es el resultado final de la suma de distintos factores, desde el desarrollo de nuestros pilares hasta la correcta planificación y ejecución de las tareas. Dentro de los capítulos anteriores hemos abordado veladamente el tema de la organización del tiempo como pieza fundamental para que esto funcione. Hablamos del equilibrio que debe existir en el tiempo que invertimos en cada una de nuestras facetas y de por qué es indispensable no dejar a la suerte la decisión sobre qué hacer con cada minuto. Ahora es momento de entrar de lleno a la organización de nuestro tiempo con un enfoque específicamente profesional.

MI TIEMPO

El tiempo nunca es suficiente. A todos nos ha pasado que después de una semana agotadora sentimos que no nos alcanzaron los días para hacer todo lo que necesitábamos. Es frustrante, porque inviertes gran parte de tu energía vital en el trabajo y al final no obtienes los resultados esperados. Como ya hemos visto, no podemos cambiar la extensión de nuestros días, pero sí podemos organizar nuestro tiempo para aprovecharlo de una mejor manera.

Lo sé, es fácil hablar de distribución cuando la tarea es organizar nuestras distintas facetas, pero si se trata de una cuestión como el trabajo, en el que cada tarea requiere una dedicación puntual, ¿cómo podemos aplicar el mismo concepto? Para hacerlo, dividiremos la labor del emprendedor en 3 tipos de días:

1. Días de preparación.
2. Días de enfoque.
3. Días libres.

La división es sencilla y efectiva. Dan Sullivan, creador del programa The Strategic Coach®, diseñó este sistema especialmente para que los emprendedores sean más productivos, creativos y enérgicos. Para ejemplificarlo podemos tomar el caso de los deportistas. Un deportista de alto rendimiento necesita ejercitar sus músculos y preparar la estrategia para enfrentar de la mejor manera el día de la competencia. Sus días de preparación conllevan distintas actividades, pero todas están alineadas a un objetivo concreto: la próxima competencia. El deportista puede tener la visión de participar en las olimpiadas, ganar un mundial o romper el record de los 100 metros planos, y eso es una buena motivación, pero su preparación diaria no es en función al objetivo ideal, sino a su encuentro más próximo. Cuando llega el día de la competencia, en su cabeza no existe nada más que ese momento. Pueden ser 90 minutos de concentración o 50 segundos de perfecta sincronía corporal, se trata del enfoque. Al final de la competencia el resultado pudo haberse obtenido o no, en cualquiera de los casos es necesario dejar que los músculos se relajen, descansar la mente y dejar un espacio para que la imaginación fluya.

Este proceso no dista mucho de lo que hacemos todos los días en nuestro trabajo, la situación es que cuando no tenemos claro cómo debe ser la preparación de cada competencia, terminamos por agotar nuestros recursos en tareas innecesarias o esforzándonos ineficientemente para —en el mejor de los casos- obtener los mismos resultados. Nos pasa también en los momentos que requieren mayor concentración de la energía y en los que buscamos relajarnos. Todos sabemos que se necesita una rutina para ejercitar los músculos, pero ir al gimnasio todos los días no quiere decir que nos estemos ejercitando de la mejor manera.

Días de preparación

Antes de continuar, definamos qué necesitan abarcar nuestros días de preparación. Para no perder de vista la analogía sobre la que hemos ido construyendo la conversación, tomemos como ejemplo a los deportistas, que tienen procesos aplicables casi a cualquier ámbito de nuestra vida diaria cuando se trata de trabajar para alcanzar un objetivo concreto.

Pretemporada

Quien no sabe a lo que juega puede ganar partidos, pero no llegará a conquistar campeonatos. Dejar lo menos posible a la improvisación es la mejor manera de acercarnos a garantizar una victoria. Veamos este proceso como una pretemporada.

Antes de enfrentar un nuevo torneo, los equipos se enfocan durante un tiempo determinado en definir un estilo de juego, trabajar su fondo físico y determinar cuáles son las variantes con las que cuentan para enfrentar los retos que se presenten en el camino. Esto no quiere decir que arrancado el torneo se olviden de la preparación, pero funciona como una base de fundamentos que respalde la eficiencia de sus esfuerzos. Si transportamos la pretemporada al ejercicio de cualquier marca o empresa, podemos decir que se trata de definir cuáles son sus puntos fuertes, su personalidad, el estilo de comunicación que le funciona de acuerdo a la audiencia y los alcances de sus funciones. Esto también aplica para quienes buscamos emprender o sobresalir en el mundo de los negocios. A menudo nos arrojamos a la tarea de ejercer una labor de convencimiento sin haber definido claramente cuál es la personalidad que nos distingue, y en un mercado tan competido como el de hoy, quien no tiene un rostro y una voz auténtica, tiene menos oportunidades de conectar con su audiencia, lo que hace más complicada la tarea.

Puede ser que ya hayas tenido una pretemporada completa y ya no necesites seguir este proceso, pero si nunca te diste el tiempo de definirlo, aprovecha la oportunidad, te ayudará a tener claridad y sin duda se verá reflejado en tus resultados.

Definición de funciones

Comienza por definir cuáles son las funciones concretas que cumples en tus clientes potenciales. Ve más allá del servicio. Si un vendedor de donas creyera que vende masa frita con cubiertas de sabores, sus herramientas de conexión se limitarían a la información. Su función real es satisfacer el antojo, dar a sus clientes la oportunidad de poner en pausa el agobio del día a día y tener un momento de placer sin importar el lugar en el que se encuentre. Quien vende donas sabe que su función no es ofrecer masa endulzada que sirve como merienda, sino conectar con sus clientes a través de la satisfacción de sus antojos y cambiar el estrés en sus rostros por una sonrisa. ¿Cuáles serían las funciones que cubres tú para tu audiencia? Definirlas te ayudará a tener argumentos sólidos de conexión y orientará tus esfuerzos hacia un objetivo claro de comunicación. Conectar es más fácil cuando sabes por dónde llegar.

Antes de continuar, define 5 funciones que cubres en tu mercado meta. Si crees que en una puedes englobar todos tus servicios, busca 5 distintas formas de comunicarlo.

1. _____

2. _____

3. _____

4. _____

5. _____

Análisis de la competencia

Ahora que tienes claro cuáles son tus funciones, es un buen momento para analizar a la competencia.

En un deporte de enfrentamiento directo, como es el futbol, no se pueden determinar las estrategias a utilizar sin analizar cuáles son las del rival. Parte de la pretemporada está definida también por los escenarios en los que se desenvolverá el equipo, desde los físicos hasta los mentales, por eso muchos planteles hacen parte de su pretemporada en condiciones de altura o a nivel de playa, en parte previendo las condiciones que pudieran presentarse durante la competencia.

Cuando definimos nuestra personalidad y argumentos de venta sin conocer los de nuestra competencia corremos el riesgo de caer en lugares comunes que ya están siendo utilizados por otros. Hacer una comparativa de la forma en la que los demás buscan ofrecer sus servicios y conectar con sus consumidores nos servirá para obtener una idea del camino que debemos tomar a la hora de definir nuestra voz y los argumentos que utilizaremos como respaldo.

También podemos inspirar el desarrollo de nuestra esencia en grandes personalidades o marcas que sentimos fuertes. Durante el análisis, incluye 3 competidores que consideras en tu liga y 3 referencias de quienes crees que juegan en ligas más altas, así podrás adaptar las buenas prácticas de los grandes a las necesidades de tu audiencia promedio sin caer en el tipo de comunicación que otros ya están construyendo.

Definición de tu voz

Este ejercicio es crucial para despegarte de la competencia. Si quisiéramos hacer la comparación con el deporte tendríamos que verlo como el estilo de juego. Existen muchas formas de jugar, pero la que tú definas para tu equipo le dará cierta personalidad y por consecuencia generará fidelidad entre tus seguidores. La autenticidad es un rasgo que nos transmite honestidad y confianza, además de generar curiosidad y agrado cuando nos sentimos identificados o las características que vemos despiertan en nosotros cierta admiración. Pasa en el deporte, en el mundo del espectáculo y en la vida en general. Los negocios nos son ajenos a este proceso de acercamiento.

Cuando decimos "voz" nos referimos a la personalidad que existe detrás del desarrollo de las comunicaciones. Por ejemplo, no hablan de la misma forma un ingeniero civil y un arquitecto. Puede ser que los dos estén desarrollando una labor similar en proyectos paralelos, pero su formación influye de forma directa en el enfoque que le dan a los beneficios que ofrecen. Quizá el arquitecto decida utilizar un lenguaje más coloquial con toques artísticos y considere más relevante incluir entre sus argumentos el equilibrio, la estética o las perspectivas, mientras que el ingeniero destacará las cualidades funcionales del proyecto como la resistencia de los materiales o la importancia de las bases y columnas. Es verdad que parte de nuestra labor es acoplarnos a lo que nuestro cliente busca, pero siempre debemos partir de una personalidad propia, de otra forma es fácil perder la credibilidad y el rumbo de las conversaciones. No se trata de inventar intereses en común, sino de encontrarlos y buscar que nuestra personalidad nos ayude generar una conexión auténtica a través de ellos.

Una buena forma de determinar nuestra voz es hacer una lista de las características que reúne la persona que buscamos como vocero. Toda actividad o referencia formativa nos ayuda a ir moldeando el personaje, pero para reducir el número de atributos, es mejor si buscamos los que tengan un impacto directo en su enfoque de vida. Digamos que, si incluyéramos dentro de la lista que a nuestro personaje le gusta jugar ajedrez, con esta característica estaríamos resumiendo su visión estratégica y paciente, mientras que, si dijéramos que le gustan las tortillas de maíz, no estaríamos sumando demasiado a su voz. Haz una lista con 10 características que consideres útiles para diferenciar tu voz de la de tus competidores.

1. _____

2. _____

3. _____

4. _____

5. _____

6. _____

7. _____

8. _____

9. _____

10. _____

Respaldo

¿Qué razones harían que un equipo llene el estadio cada 15 días? Un técnico con una trayectoria de peso, jugadores habilidosos que hayan dado resultados en otros equipos, la garantía en la seguridad de los asistentes, vialidades preparadas para brindar facilidades de acceso, y la lista podría seguir. Todas estas razones forman parte del respaldo que permiten a los aficionados creer en el proyecto que su equipo les ofrece, si no, ¿para qué apoyar al equipo?

En nuestro caso, como emprendedores o marca comercial, estamos en una situación similar. Si bien no buscamos crear afición, sí queremos una audiencia que se interese en nuestro servicio, los consuma y se mantenga fiel a nuestra propuesta, por eso es indispensable determinar cuál es ese respaldo que puede brindarle a nuestros clientes la confianza de apostar por nuestra oferta y no por cualquier otra que está en el mercado. La confianza es indispensable para establecer conexiones sólidas.

Nuestro respaldo podría estar dividido en 2 secciones: las razones que nos avalan y las razones que nos distinguen. En el primer grupo entran todos aquellos logros que, aunque puede ser que los competidores también tengan, forman parte de nuestra credibilidad. Por ejemplo, una certificación. Seguramente no serás el único en tenerla, pero sí sube tu puntuación. Digamos que a la hora de enfrentar a alguien que tenga la misma certificación ya dependerá de la voz que definiste para comunicarle tus servicios y tus habilidades de persuasión, pero estarás del otro lado en cuanto al respaldo, que suele ser uno de los primero factores de decisión. En el segundo grupo entra todo aquello que nos distingue de nuestros competidores, lo que nos hace diferentes, auténticos y únicos. Pudiéramos hablar en este caso de la experiencia laboral en el extranjero, casos de éxito en situaciones sumamente complicadas, o cualquier atributo en nuestro servicio que nadie más podría ofrecer. A veces puede parecer complicado, pero siempre existe algo que separa nuestros servicios del resto, sólo es cuestión de buscarle. Lista en las siguientes líneas 5 razones de respaldo que te distingan y 5 que te avalen.

5 RAZONES QUE TE DISTINGAN

1. _____

2. _____

3. _____

4. _____

5. _____

5 RAZONES QUE TE AVALEN

Conexión

1. _____

2. _____

3. _____

4. _____

5. _____

Ahora, de nada serviría encontrar un montón de razones de respaldo si no vemos, además, la forma correcta de comunicarlas. Tenerlas presentes es solamente el primer paso, para que adquieran relevancia será necesario incluirlas de forma natural entre nuestros argumentos para satisfacer las expectativas de nuestro cliente.

Primeros partidos

El equipo está listo. Trabajamos duro para generar el fondo físico que necesitábamos y tenemos la mentalidad a tope. Todos conocemos cuáles son nuestras principales habilidades y sabemos cómo ponerlas al servicio del juego. ¿Qué sigue? La preparación para el partido.
El tiempo invertido en preparar el caso para visitar o recibir a un nuevo prospecto varía de acuerdo a las características del negocio y, particularmente, del posible cliente. Yo no puedo decirte cuánto tiempo debes dedicarle al armado de tus casos, lo que sí puedo hacer es decirte en qué basar la preparación: primero, en conocer al cliente, y segundo, en crear un escenario perfecto para presentarle con las mejores herramientas posibles los servicios que ofreces. Habrá partidos que puedas ganar sin tanta preparación, pero no vale la pena correr el riesgo. Conforme avances en el camino, habrá estrategias que puedas establecer como constantes y algunas otras que definas como variables y específicas de acuerdo con cada

caso, o importante es dedicarle tiempo a la preparación para dejar lo menos posible a la improvisación.

Días de enfoque

Toda la preparación que tenemos se viene abajo si no somos capaces de enfocarnos completamente en la labor que tenemos que ejecutar durante el tiempo que destinamos para ello. Establecer días de enfoque nos ayuda a desligarnos del resto de las labores para dedicar toda nuestra atención a conectar con nuestros clientes. Este el tiempo que destinaremos a concluir todo el trabajo que hemos realizado; es el momento que tenemos para cerrar adecuadamente y ponerle la estrella final al logro que buscamos; son los 90 minutos del partido o los 100 metros planos sobre la pista frente a nosotros, por eso son días que nos exigen el 100% de atención.

Para partir por lo general, ¿qué buscamos durante los días de enfoque? Generar una conexión. Cuando vendemos un servicio o producto podemos obtener el beneficio inmediato de la compra, pero cuando generamos una conexión con las personas con las que interactuamos, estamos creando un lazo que va más allá del beneficio momentáneo. Digamos, entonces, que en los días de enfoque tu única responsabilidad debe ser dedicarte a generar una conexión con tus clientes y prospectos. Claro que mientras mejor elijamos a nuestros candidatos, más fácil será generar una conexión real con ellos. Más adelante veremos cómo hacer más eficiente la búsqueda de nuestros prospectos utilizando filtros de características que nos ayuden a detectar en quiénes nos conviene invertir tiempo y a quienes podemos descartar rápidamente, esto con la finalidad de que nuestros días de enfoque estén realmente cumpliendo su objetivo, que es cerrar los tratos.

Días libres

Para empezar, aclaremos algo: si queremos obtener un mejor rendimiento, estos días no son una opción, son una necesidad. Aunque es cierto que algunas de las personas que han logrado destacar históricamente en el mundo han vivido obsesionadas con su trabajo, esto no quita que tengan espacios de descanso. Nuestra mente funciona así, necesita un espacio para reposar la información que ha estado procesando para generar las conexiones que nos arrojarán nuevas soluciones. Ahora, si nuestro calendario tiene más días de descanso que días de preparación y enfoque, evidentemente algo estamos haciendo mal. Volvamos al ejemplo con el que hemos ido llevando el hilo de la conversación: la única forma en la que un deportista de alto rendimiento puede lograr que sus músculos se recuperen es a través del reposo. Cuando un músculo se encuentra estresado y es forzado a seguir trabajando termina por lastimarse. En este caso la equivalencia no es un desgarre de cerebro, lo que sucede más bien es que si no logramos relajarnos y despejar nuestra mente para dejar que las nuevas ideas fluyan, terminaremos invirtiendo tiempo innecesario en encontrar las mismas soluciones. Supongo que te ha pasado. Pasas toda la noche queriendo resolver un problema y no das con la solución, pero al día siguiente, después de dormir, te despiertas con distintas posibilidades que parecen soluciones factibles. No es una cuestión de casualidad, nuestro cerebro necesita tiempo para procesar. Una buena estrategia para conseguir ideas creativas, por ejemplo, es dedicar un día completo a llenar de información la cabeza, ir a descansar, y dedicar el próximo día a crear ideas a partir de la información obtenida, es como dejar toda la materia prima lista para comenzar a construir con la salida del sol. En pocas palabras: descansar no es perder el tiempo, así que no te sientas culpable si necesitas incluir una pausa en el día, un día a la semana o un par de semanas al año, eso también forma parte de tu productividad.

MI EQUIPO

Tener un equipo facilita tus labores diarias y aumenta tu productividad, pero eso ya lo sabes, la pregunta aquí es, ¿ya reuniste a ese equipo?

Lo hemos visto veladamente en el capítulo del desarrollo profesional: contar con un equipo de trabajo cuesta dinero, es verdad, pero no contar con uno también te está costando tiempo, lo que a final de cuentas se traduce en crecimiento, tanto económico como profesional. La cuestión es encontrar el equilibrio entre lo que gastas en tu equipo y lo que haces tú con el tiempo del que ahora dispones.

Para evaluar cuáles son las actividades que pudieras delegar para obtener un beneficio, comienza por hacer una lista detallada de lo que haces en una semana regular de trabajo. Incluye en la lista cualquier acción que implique tiempo, desde conducir a la oficina, hacer el café por la mañana, revisar correos, todas las actividades cuentan. Una vez que tengas la lista, define cuáles de esas actividades están influyendo de manera directa en el crecimiento de tus proyectos. Evidentemente todas las partes del proceso son necesarias para que un negocio funcione, pero aquí no hablamos de mantenimiento, que para eso pudieras quedarte como ahora lo haces, hablamos de actividades que implican la generación de nuevas oportunidades. Ya que marcaste las acciones esenciales a las que debes dedicarte, haz grupos con el resto de acuerdo al perfil de persona que necesitas para cumplirlas. Puede ser que solo necesites alguien que lleve la administración y el mantenimiento de los clientes mientras tú vas en busca de nuevos prospectos; pero si inviertes demasiado tiempo en el mantenimiento de la oficina, quizá deberías contemplar también un apoyo en ese sentido, cada caso tiene necesidades particulares, y tú sabrás cuáles son las de tu negocio, ahora lo interesante es cómo encontrar un candidato sin arriesgar demasiado, y a eso vamos.

No te precipites, si no estás seguro de contar a tiempo completo con alguien que te apoye, puedes buscar personas que trabajen por proyecto. Actualmente existen distintas aplicaciones para contactar a jóvenes profesionistas que están interesados en este tipo de trabajos, haz la prueba y mide tus resultados.

Con el tiempo notarás los beneficios de tener control total sobre tu tiempo. En mi caso, por ejemplo, he dejado incluso de conducir mi auto, y no por una cuestión de desidia, sino porque es tiempo que aprovecho haciendo llamadas y contactando clientes, escuchando sus necesidades con atención y generando conexiones, que es lo que mejor le viene a mi negocio. Quizá sea una labor que pudiera realizar mientras conduzco, pero la realidad es que no podría dedicarme 100% a mis clientes, y si estoy haciendo trabajo de enfoque mi enfoque debe ser total.

Por último, cuando definas con quiénes trabajar, y aún cuando sea por proyecto, involúcralos de verdad; hazlos sentir parte fundamental del proceso, porque lo son, y es gracias a ellos que cuentas con el tiempo necesario para seguir creciendo. Generar conexiones reales con las personas que trabajamos hace que la productividad sea una consecuencia natural.

FÓRMULA YELLOW

El emprendimiento es un acto que nace por la necesidad de dar vida a un proyecto, generar un cambio o alcanzar la realización profesional. El emprendedor es un soñador en constante movimiento, y la obtención de su meta es un viaje personal lleno de experiencias y aprendizajes. La parte romántica del emprendimiento enamora y es eso lo que nos mantiene firmes y nos ayuda a presentarnos de forma auténtica en cualquier escenario, por eso no debemos olvidarla; pero existe la otra parte, una más técnica, que implica mover la pala una y otra vez hasta ver la casa construida, y trabajar esa parte también es de suma importancia si queremos hacer realidad el anhelo.

La fórmula Yellow fue creada a partir de múltiples experiencias para facilitar el camino de los emprendedores en sus esfuerzos comerciales. No existe magia detrás de las ventas, eso está claro, lo que existe son patrones que nos permiten definir cuáles son las piezas necesarias para generar un ambiente en el que las conexiones que buscamos puedan surgir de forma natural y el convencimiento nos cueste menos trabajo.

Existen 3 factores que debemos tomar en cuenta para crear una experiencia comercial efectiva:

1. Calidad del prospecto
2. Creación del Front Stage
3. Proceso Face to Face: conectar

El primero nos ayuda a delimitar nuestras búsquedas; nos orienta en la elección de los prospectos para aprovechar al máximo nuestro tiempo y poder ser más productivos. Digamos que nos quita la paja para encontrar de forma más rápida los alfileres. Los otros dos factores están dirigidos a convencer sí o sí a ese cliente que ya elegimos como candidato real. La suma de estos 3 factores termina por incrementar notablemente el rendimiento de nuestros esfuerzos y elimina barreras comunes a las que nos enfrentamos cuando buscamos generar una conexión que trascienda la superficie de un acuerdo pasajero.

CALIDAD DEL PROSPECTO

Existen 2 errores comunes en la búsqueda de clientes: están los emprendedores que le tiran a todos y están los que no le tiran a nada, unos porque creen que mientras más abarquen más obtienen y los otros porque creen que sólo deben acercarse con las personas indicadas, cuando algunas veces ni siquiera saben quiénes son esas personas. Si nos ponemos a pensar, los dos tienen un poco de razón: si sé diferenciar cuál es mi perfil de cliente y encuentro a todos los que cumplen con ese perfil para buscar convencerlos, lo estoy haciendo perfecto. La cuestión es, ¿cómo definimos ese perfil? Para eso tenemos las 6 características del cliente ideal:

Capacidad de decisión

De nada sirve que nuestro prospecto tenga al alcance una fortuna y esté interesado en lo que le estamos ofreciendo si no es el responsable de tomar las decisiones. Busca identificar desde los primeros acercamientos si estás hablando con la persona indicada para hacer la negociación, no pierdas el tiempo con prospectos que no pueden ofrecerte nada más que interés. Si te encuentras en medio de una situación así, muéstrate agradecido por el tiempo que te regalaron y deja en esa persona una huella de buen servicio para el futuro, nunca sabemos cuándo vaya a cambiar su situación.

Valorar el producto

No tenemos por qué ir por la vida convenciendo a todo el mundo de que nuestro producto o servicio les conviene. Es verdad que gran parte de nuestra tarea comercial es el convencimiento, pero no podemos invertir nuestro esfuerzo y energía en trata de convencer a quien no muestra interés por lo que le estamos ofreciendo.

Incluso en el mejor de los casos, suponiendo que lleguemos a convencerlo, sería jugar mal con las probabilidades: habiendo tantas personas en el mundo que pueden estar interesadas, ¿por qué perder el tiempo con una que de entrada no valora lo que le estamos ofreciendo?

Valorar el servicio diferenciado

Si tu prospecto siente que tú representas una parte importante en el trato que están haciendo y que la misma calidad de servicio que adquiere contigo no podría obtenerla tan fácilmente en otro lugar, acabas de generar una conexión, ese es el tipo de candidato que buscas. Cuando el cliente no es capaz de valorar el esfuerzo humano y la capacidad de la persona que está detrás del servicio, es muy probable que se vaya de un momento a otro; además, ¿a quién le interesa tratar con alguien que no valora su trabajo? En este caso se trata también de una cuestión dignificante y del respeto por nosotros mismo del que ya hemos hablado.

Potencial económico creciente

La situación económica actual de tus prospectos no es tan importante como su potencial creciente. Apuesta por las personas que tienen proyectos en los que crees, de la misma forma que las personas que creen en los tuyos apostarán por ti. De poco sirve, en una carrera a largo plazo, encontrar un cliente con capital atractivo justo cuando acaba de iniciar su descenso. Buscamos conexiones fuertes que nos aseguren una relación duradera, no soluciones pasajeras que nos cuesten mayores esfuerzos a largo plazo.

Compromiso

Estamos hablando de una característica fundamental en las relaciones a largo plazo. Si tu prospecto muestra dentro de su estilo de vida indicios de no ser una persona comprometida, no puedes esperar que se case con tu proyecto por un tiempo determinado, mucho menos para toda la vida. El compromiso se puede distinguir claramente de dos formas: por su relación con su familia, con una empresa o con alguna actividad. La fidelidad habla de compromiso: nos mantenemos fieles porque creemos en algo y hacemos todo lo que está en nuestras manos porque nos sentimos comprometidos, primero con nosotros mismos y nuestros ideales, y después con los terceros involucrados. Busca prospectos fieles y comprometidos.

Voluntad

De todas las características parece la más obvia, pero cuántas veces no nos ha ganado la terquedad de amarrar a un prospecto porque cumple con el perfil, cuando en realidad es alguien que, por alguna razón, no quiere el servicio que le estamos ofreciendo. Puede ser que nuestro candidato valore lo que le estamos ofreciendo y todo el trabajo que hacemos para brindarle un servicio diferenciado, que tenga un potencial económico creciente, esté comprometido con sus proyectos y tenga la capacidad de decidir ahora mismo, pero si no quiere, no va a haber trato, es así de simple.

Cuando encontramos personas que reúnen estas características, la probabilidad de entablar una negociación real y duradera es mucho más factible. Después, cada industria tiene sus propios parámetros para medir la calidad del prospecto, pero si partimos por hacer un filtro bajo los lineamientos que acabamos de ver, de entrada, ya estamos ahorrando tiempo, trabajo y recursos que podemos invertir en los candidatos correctos.

Face to face: conectar

Conectar, de eso se trata todo. Al final del camino, después del trabajo hecho para conseguir una llamada o reunión, la oportunidad que se nos presenta durante el espacio face to face que tengamos no es la de vender, sino la de conectar. Conectar es crear un vínculo que sostenga la relación. En la familia es algo que surge de forma natural por todo lo compartido a lo largo de una vida, pero con los amigos, por ejemplo, la conexión es algo que se va forjando a partir de gustos, ideales, deseos, conversaciones, experiencias. Con los prospectos no es distinto, para generar una conexión con ellos es necesario encontrar las afinidades que existen entre nuestras personalidades y crecer desde ahí los puntos compartidos.

Conexión

¿Por qué una conexión y no una venta?

La venta es un trámite, empecemos por ahí. Detrás de una venta no existe más que dos personas interesadas en conseguir algo que la otra persona tiene. Una venta es fría y está sostenida únicamente por la necesidad y el interés. Cuando uno de estos dos factores pierde fuerza, el acuerdo cae, porque no encuentra sentido. Por otro lado, una conexión es inagotable. Cuando generamos una conexión no vamos solo en busca de un beneficio, sino que encontramos la confianza para asesorarnos y si en ese momento no tenemos la necesidad, no importa, porque en cuanto surja un esbozo de interés la conexión nos hará voltear hacia las personas en las que confiamos.

Hace algunos años, durante un viaje junto a un amigo, paramos a comprar un refresco en una tienda de barrio. La tienda no ofrecía mucho: un estante con botana, un refrigerador con bebidas y algunas latas de comida detrás del mostrador. También tenía una caja pequeña con dulces de todo tipo y una hielera con tortillas de maíz. La señora que nos atendió debía tener unos 70 años. Tomamos los refrescos y nos acercamos para pagar. Ella nos ofreció una bolsa de tamales que había hecho por la mañana, pero nosotros ya habíamos comido. Nos negamos. Antes de irnos, nos preguntó de dónde éramos y nos hizo una broma sobre nuestro acento. De regreso en la calle, después de avanzar un poco, notamos que justo en la esquina había una tienda de conveniencia de esas que uno puede encontrar por todos lados. Mi amigo me preguntó cómo sobreviviría esa tiendita junto a la posibilidad de encontrar casi cualquier cosa necesaria del día a día en una cadena que, además, suele ofrecer mejores precios. No hay respuesta más cierta que la conexión.

Nosotros no sabíamos que existía esa tienda comercial de conveniencia en la esquina, probablemente si nos hubieran planteado la opción de entrar a la tiendita o caminar hacia allá hubiéramos optado por la que nos ofrecía mayor variedad a un mejor precio, pero la realidad de las personas que tenían contacto con la señora era distinta. Esas personas no iban movidas únicamente por una necesidad y un interés. La señora había generado en ellas una conexión a partir un trato honesto sostenido por la confianza, y con eso no hay tiendas de conveniencia, por más grandes que sean, que puedan competir.

Envueltos en el trajín diario nos olvidamos que no somos robots, tenemos emociones que nos mueven y afectan nuestras decisiones, a veces incluso más de lo que quisiéramos, por eso las conexiones se vuelven relevantes a todos los niveles.

Ahora, tampoco queremos ponernos románticos, la realidad es que la tiendita tarde o temprano desaparecerá. No importa si a los cajeros de las tiendas comerciales les da lo mismo tu nombre y su sonrisa está forzada la mayor parte del tiempo, porque llegará el momento en el que la conexión no sea suficiente para suplir una necesidad. Pero ¿qué pasaría si la señora tuviera la posibilidad de competir en igualdad de condiciones con las tiendas de conveniencia más grandes? Podemos encontrar la respuesta en la competencia que existe entre todas las marcas.

Comunicación conectiva

Vamos directo: hace mucho tiempo que la publicidad busca mucho más que vender. La igualdad de condiciones entre las marcas, e incluso la paridad entre los productos que ofrecen, las ha llevado a buscar caminos que generen una fidelidad con sus consumidores, y ¿cómo lo logran? A través de conexiones.

Las grandes campañas publicitarias con las que tenemos contacto todos los días buscan dejar claro quiénes son a través de la construcción de una personalidad que funcione como vínculo con sus usuarios. Para nada es casualidad que hoy la comunicación de las marcas se base más en las acciones que en las carteleras y anuncios de radio y televisión. Tú puedes contarme que te interesa el medio ambiente, pero es hasta que yo veo que dedicas un fin de semana al mes para plantar árboles en una zona deforestada que comienzo a tomarte en serio.

Tampoco estamos descubriendo el hilo negro. Durante la

segunda guerra mundial, una de las compañías refresqueras más grandes del mundo envió constantemente, a los soldados que estaban al frente, cajas con refresco. Podía parecer algo simple, pero cuando los soldados imaginaban regresar a su país no pensaban más que en disfrutar un refresco helado junto a su familia en el porche de la casa.

Estas acciones y las de la señora que nos atendió en la tiendita de barrio pueden tener motivaciones distintas, pero comparten la búsqueda consciente o inconsciente de un objetivo: generar una conexión.

¿Cómo generar conexiones?

Ya hablamos de la comunicación conectiva, pero es más sencillo alcanzar los objetivos cuando podemos ver cuáles son los pasos que debemos seguir. Para comenzar, digamos que no existe conexión sin empatía, entendiendo por empatía la capacidad de comprender profundamente las situaciones ajenas.

Seamos honestos: ninguno de nosotros puede en realidad ponerse en los zapatos de otra persona, como comúnmente se dice, así que evitemos el error de utilizar anécdotas autorreferenciales para demostrar cuánto podemos entender al resto. Ser empático no se trata de buscar la forma de que crean que sabes por lo que están pasando, sino de mostrar que, desde tu sitio, eres capaz de contemplar con honestidad las circunstancias por las que la otra persona atraviesa y como consecuencia puedes aportar soluciones reales que, quizá, son difíciles de ver desde su posición. Como te habrás dado cuenta, la empatía no es posible sin honestidad, así que esa sigue siendo nuestra bandera de acción.

Una vez que comprendemos las necesidades de la otra persona desde nuestra perspectiva, debemos buscar cuáles son las emociones que las mueven, porque ese es el canal de conexión más rápido. En un estadio de futbol, por ejemplo, un grito de gol puede unirte con las personas que tienes a tu alrededor y generar una sensación de confianza aún y cuando no hayas cruzado una palabra, porque la conexión fue generada a partir de una emoción compartida. De igual forma sucede en la vida diaria, aunque a veces sea menos perceptible. Cuando hayas encontrado las motivaciones emocionales de tu interlocutor te será fácil entablar una conversación que trascienda lo superficial. Es importante aclarar que no estamos buscando chantajear emocionalmente a nuestros prospectos; buscamos crear una atmósfera de confianza real sobre la que podamos generar vínculos.

No te preocupes si al final del encuentro no logras cerrar un trato, haber generado la conexión es suficiente para sembrar el interés y posicionarte como la primera opción en caso de que tu prospecto llegue a necesitar tus servicios. Este tipo de procesos nos ayuda en distintos niveles: primero, para ampliar el alcance de nuestros encuentros. Cuando una persona siente que la inversión de su tiempo valió la pena, la publicidad de boca en boca se hace presente. Después, para definir el perfil de nuestros prospectos de acuerdo al giro de nuestro negocio. Mientras más profundamente conozcamos a las personas con las que tratamos, más fácil nos será identificar a quiénes nos tenemos qué dirigir ya como un segundo filtro, posterior a las 6 características que vimos anteriormente. Y por último, para ahorrarnos tiempo y esfuerzo. Si el prospecto queda convencido de que somos una opción real, transparente y confiable, convencerlo nos costará menos recursos.

El tiempo face to face representa la oportunidad de conectar con nuestra audiencia; después, cerrar el trato será una consecuencia natural.

FRONT STAGE

Llegó el momento de ponerle un rostro a todo lo que hemos visto. El desarrollo de nuestros pilares, la ubicación de nuestra realidad, la transformación del miedo en determinación, la planeación de nuestro tiempo, todo el fondo trabajado requiere una imagen que lo transmita a los clientes de forma natural, eficiente y placentera: nuestro Front Stage.

Dan Sullivan, mi Coach en Strategic Coach®, creó un concepto llamado The Front Stage/Back Stage, que compara la experiencia de un espectador en el teatro con la experiencia que creamos para nuestros clientes en los negocios. Cuando asistimos a ver una obra de teatro, nuestros ojos sólo alcanzan a ver lo que se nos muestra en el escenario. Detrás de él hay gente trabajando para que todo suceda en tiempo y forma, desde los maquillistas hasta los apuntadores, pero la obra tiene como finalidad compartirnos una historia real y verdadera, y para que eso suceda es necesario montar la ambientación perfecta y dejar de lado todo lo que a los espectadores no nos interesa ver, que es el trabajo que existe detrás. Al final, la magia del teatro está en crear una experiencia natural para los asistentes. Todo lo que resta a la conexión que, a través de la historia, se genera entre actores y espectadores, queda detrás del escenario.

En nuestra labor comercial como emprendedores la situación no es muy distinta. Cuando presentamos nuestros servicios ante un cliente, a él no le interesa ver todo el proceso que llevamos a cabo, lo único que necesita es la experiencia que hemos creado para nuestro encuentro con él, y para eso necesitamos construir un escenario compuesto por distintos elementos que comuniquen y provoquen exactamente las impresiones y sensaciones que nosotros queremos. En pocas palabras, el Front Stage es un control superior que podemos ejercer sobre el espacio para que los intereses de nuestro cliente y los nuestros encuentren un punto común a través de la conexión.

Desarrollar un Front Stage es una labor constante que no tiene límites. Por dar un ejemplo simple, digamos que es como la construcción de una casa: primero debes procurar lo funcional, que cada área esté conectada de forma correcta con el resto de la casa. Después comienzas a ubicar los muebles para que pueda ser habitada, y entonces tienes un espacio adecuado. Poco a poco irás descubriendo cómo mejorar tu experiencia habitando esa casa, y así comenzarás a colgar algunos cuadros, pintar las paredes de ciertos colores, incluir un jarrón con flores en la esquina, detalles que generan un ambiente más cercano a la experiencia ideal. Nuestra intención al crear el escenario es la misma, pero, a diferencia de una casa, en nuestra labor, además de la ambientación, contamos con herramientas de comunicación que nos ayudan a generar esa experiencia, puntos de contacto con el espectador que influyen en su estado de ánimo, concentración y facilidad de comprensión.

Los puntos de contacto pueden ser divididos en tres categorías:

1.   Presentación personal.
2.   Espacio de conexión.
3.   Materiales de comunicación.

Cada categoría está compuesta por distintos elementos que podemos utilizar para generar en nuestros prospectos la experiencia ideal, la intención es que podamos tomar lo necesario de cada uno para crear nuestro Front Stage. Comencemos por la más básica de las 3: presentación personal.

Presentación personal

Por más que cambien los tiempos, una presentación profesional de nuestra persona es indispensable para provocar una buena primera impresión, y si lo que buscamos es crear una conexión real lo más rápido posible, lo primero que necesitamos es impresionar de buena forma.

Los códigos de vestimenta han ido cambiando con el tiempo, tener una imagen profesional no significa hoy lo que era en los años 50. No se trata de aparentar, sino de distinguir qué elementos de mi presentación me ayudan a transmitir lo que mi cliente necesita para sentirse en confianza.

Hay algunos elementos básicos que no detallaremos demasiado, como los de higiene personal. Tener el cabello arreglado y el rostro pulcro; prendas de ropa limpia, uñas cortas, todo lo que a nuestra mamá le gustaría ver. Después vienen las herramientas con las que contamos. Un maletín o mochila presentable con libreta, pluma y materiales de comunicación, que veremos más adelante. Una laptop o tablet que funcione para reflejar nuestro profesionalismo y facilite nuestra comunicación con el prospecto. Parece una cuestión de protocolo, pero más de una vez me he topado con personas que intentan acercarse para compartirme sus servicios y no pueden ofrecerme una pluma y un papel para escribir notas; ya no se diga presentármelos de forma atractiva.

Como parte de la presentación personal incluiremos nuestro medio de transporte. Si cuentas con un coche, su limpieza debe ser incuestionable. Recuerda que todos tus espacios son una extensión de tu presentación. Si existe la posibilidad de que tu coche sea un factor a la hora de establecer la conexión, debes cuidar que forme parte del ambiente que buscas, desde el aroma hasta la climatización.

Contar con una buena imagen sirve para abrir el oído, pero una vez que tenemos la atención del prospecto es momento de presentarles la parte menos perceptible de nuestra presentación personal: nuestra integridad en el manejo de la comunicación. Mantén la calma. Respira pausado, escucha a detalle, encuentra gustos en común. Interésate de verdad. La honestidad es una virtud en desuso que debemos traer a nuestro día a día si queremos establecer conexiones reales con nuestros pares, y no hablo de ser inocentes e impertinentes, sino de mostrarnos tal cual somos y ofrecer nuestros servicios como lo que son. Es imposible conectar con una persona en la que no confías, y la confianza parte de la honestidad. Puedes no tener tus habilidades de comunicación verbal demasiado desarrolladas o carecer de experiencia en el manejo de las conversaciones, eso lo irás desarrollando con la práctica, pero si hay algo de lo que no puedes prescindir es de mostrarte honesto.

Espacio de conexión

Una vez que hayamos causado una buena primera impresión con nuestra imagen personal, no podemos dejar que el ambiente en el que nos encontremos genere un contraste. Para lograr mantener la atención de nuestro prospecto y su percepción de nosotros a la altura que queremos, existen distintos elementos que podemos utilizar dentro de nuestro espacio de conexión. Al final, somos seres sensitivos, es inevitable que nuestras sensaciones no influyan en nuestra experiencia, por eso debemos cuidar cada detalle.

Música

La música es un elemento que ayuda a reducir la percepción del ruido y puede favorecer la concentración; además nos sirve como tema de interés con otras personas. La música es capaz de cambiar nuestro estado de ánimo y despertar sensaciones que de otra forma tardaríamos en sentir, supongo que lo habrás notado. Tener música de fondo ayuda a relajar el ambiente y permite que quienes comparten el espacio entren en sintonía rápidamente, por eso es un elemento importante a la hora de generar conexiones. Elige para tus espacios música que mantenga el ambiente tranquilo sin llegar a dormir a los prospectos. No es necesario utilizar música clásica o sonidos ambientales, se trata de elegir canciones con ritmos tranquilos y alegres que acompañen el flujo de la conversación sin llegar a invadirla, para eso es importante mantener un hilo entre las canciones y un volumen moderado. Géneros como Bossa Nova o Jazz ayudan a establecer este tipo de ambientes con facilidad.

Muebles

¿Qué tanto puede influir un mueble en las decisiones de una persona? Visto de esta forma cualquiera diría que prácticamente nada, pero no se trata de que tus muebles vayan a hacer que tus prospectos cambien de decisión, sino de sumar factores que enriquezcan el encuentro para que la intuición de las personas con las que compartes el espacio se incline a tu favor.

Pondré un ejemplo sencillo: no es lo mismo ver una película mala en una sala de cine convencional, que verla desde los sofás reclinables de las salas premium. La película puede ser exactamente la misma, pero la comodidad es un factor de placer que influye directamente en nuestra experiencia. Nuestros sentidos despiertan sensaciones que fluyen por nosotros de forma simultánea marcando el ritmo de la interpretación que damos a cada situación. No debemos obviar la comodidad como factor. Es cierto que la película no deja de ser mala por presentarse en mejores salas, pero también es verdad que la experiencia del cine no solamente se basa en la película proyectada.

¿Qué tipo de muebles debo elegir?

El estilo de los muebles es tu decisión. Puedes elegirlo de acuerdo con tu personalidad, eso apoyará la construcción de tu figura como parte de la experiencia del usuario, lo que debes cuidar es que ayuden a formar un espacio que favorezca la interacción. Rompe el esquema del escritorio, no estamos tratando de jugar roles de poder. Ubica tu asiento cerca del de tus prospectos y elige como punto de conexión una mesa que cumpla las funciones que un escritorio puede tener. Busca mantener la comodidad sin llegar arrullar a los prospectos. Elige sillas con diseños innovadores y ergonómicos o sillones acolchonados que mantengan una postura erguida. Es importante que designes el espacio de apoyo en el que ubicarás tu computadora. Si cuentas con un proyector, busca que la conversación no gire en torno a la proyección. Puedes ubicarla al fondo del lugar, como una referencia a la que ambos puedan voltear sólo cuando sea necesario. La intención es generar un ambiente natural en el que la conversación vaya pavimentando el camino hacia una conexión, no uno en el que todos los elementos lleven impresa la palabra vender.

Temperatura

Nadie puede mantener plena concentración cuando algo en el ambiente le incomoda. Ajustar la temperatura a las necesidades particulares de las personas con las que compartes el espacio, además de permitirte brindarle a los prospectos el ambiente ideal, se convierte en un reflejo sutil de tu capacidad de control sobre las situaciones. A todos nos gusta sentir que la persona con la que estamos haciendo negocios tiene completo control sobre lo que hace, si podemos aprovechar el ambiente para generar esa sensación, aunque sea de forma indirecta, hagámoslo.

Iluminación

La calidez de tu espacio funciona para generar confianza, y para eso la utilización de una iluminación adecuada es indispensable. Procura utilizar dentro de lo posible la luz natural como guía y compleméntala con lámparas que iluminen de forma indirecta las áreas de interacción. Evita las luces frías y los spots directos, no estamos interrogando a nadie.

Aislamiento

Aunque la música te ayude a mantener un ambiente tranquilo, busca que tu espacio de reunión esté alejado del ambiente de trabajo habitual. Además de distraer la atención de las personas, estar en medio de procesos de trabajo nos hace sentir intrusos. Como vimos, a nadie le interesa saber cómo suceden las cosas detrás del escenario, mantén la escena limpia de ruido visual y auditivo. En espacios pequeños, las mamparas ayudan a brindar una sensación de privacidad.

Aroma

De entre todos los sentidos, el más olvidado a la hora de generar una experiencia completa suele ser el olfato, pero muchas veces es a través de los aromas que somos capaces de recrear vivencias, por eso es necesario definir a qué van a oler nuestros espacios.
A este tipo de esencias aromáticas se les conoce como

odotipos. Las marcas que se preocupan por generar una experiencia integral de conexión con el cliente definen un aroma que se convierte en un emblema. En algunos casos, como en el cine, el odotipo se forma de manera natural. A todos nos ha pasado pensar en el cine cuando olemos las palomitas haciéndose en el microondas. Pero cuando no existe en nuestros procesos algo que desprenda ese sello que pueda quedarse impregnado en la memoria de los usuarios, es necesario generarlo. El aroma de un VW Jetta es un buen ejemplo. No sabría describir el aroma con exactitud, algunos los comparan con el de las crayolas, lo único cierto es que se vuelve imposible no recordar las experiencias que pasaste en un Jetta cuando te vuelves a subir.

Hay empresas especializadas en el diseño de odotipos que reflejen la naturaleza de tus servicios en sintonía con la esencia de tu personalidad o marca, pero no es necesario ir tan lejos para conseguir el objetivo. Puedes empezar por elegir un aroma suave que te agrade y procurar que esté presente de forma sutil en todos tus puntos de conexión con los prospectos.

Catering

La palabra puede sonar muy elevada, pero en realidad hablamos de la capacidad de satisfacer, aunque sea de forma mínima, una de las necesidades básicas de los seres humanos. Seamos honestos, el simple hecho de que te ofrezcan una menta puede cambiar la percepción que estás teniendo sobre una experiencia y hacerla mucho más placentera. Hasta dónde llegar es algo que sólo tú puedes definir de acuerdo a tu presupuesto y a las facilidades que brinda tu espacio, pero unas galletas y una botella de agua son suficientes para aligerar una conversación y evitar distracciones innecesarias. Además, ofrecer una bebida a tu interlocutor te muestra como una persona amable que está interesada en que el ambiente para la reunión sea el mejor posible.

Elementos complementarios

Nunca sabemos bajo qué circunstancias atenderemos a nuestros prospectos. Aunque está claro que no forma parte de nuestra responsabilidad satisfacer vicios o necesidades extraordinarias, ser precavidos es algo que no nos cuesta demasiado y podría sumar puntos a nuestro favor. Tener a la mano un cargador universal para celular, un cenicero y un encendedor es algo que no te resta espacio y podría funcionar como solución en algún momento de la conversación. Todo se trata de acercarnos lo más posible a tener control total sobre la situación y a satisfacer hasta un punto razonable las necesidades de nuestros prospectos. Atender al cliente de una forma integral es también una forma de proyectar que lo escuchamos y entendemos, principios básicos para la generación de una conexión.

Materiales de comunicación

Con frecuencia cometemos el error de cargar el peso de las conexiones en nuestras habilidades de interacción. Es verdad que el hilo conductor de toda conversación nace de nuestras palabras, pero existen apoyos de comunicación que nos ayudan a reforzar las ideas que queremos transmitir y facilitan nuestra labor con los prospectos. Los materiales de apoyo son una herramienta de la que no podemos prescindir si queremos hacer más eficientes nuestros esfuerzos de conexión.

Los materiales a utilizar dependen en gran medida de la naturaleza del negocio, y una agencia de publicidad o un estudio de diseño son la mejor herramienta para resolver este tipo de necesidades, pero como no siempre contamos de inicio con el capital para invertir en materiales de comunicación, te comparto algunos que debes tener sí o sí y cómo hacer para que luzcan lo mejor posible y cumplan su objetivo. Recuerda, lo más recomendable es delegar este tipo de actividades. Al final, el tiempo que invertirás en realizarlas puedes utilizarlo para generar el capital con el que podrás pagarlas.

Tarjetas de presentación

No quise dejarlo pasar. Al igual que con el diseño de tu espacio, lo ideal es que todos tus materiales, incluida tu tarjeta de presentación, transmitan tu personalidad. Olvídate de los diseños prefabricados y busca algo que te represente realmente y deje una buena impresión.

Presentación

Una buena presentación es reflejo de preparación previa. Si tu prospecto nota que existe una presentación dedicada para él, tendrá la confianza de que tu interés es genuino. No es necesario que elabores un documento de Keynote o PowerPoint completo para cada persona que visitas, puedes tener una plantilla lista sobre la que sólo modifiques o agregues un par de diapositivas que personalicen la comunicación.

No inviertas demasiado tiempo en el diseño de la presentación, existen plantillas predeterminadas profesionales que puedes modificar ligeramente de acuerdo con la personalidad de tu proyecto, puedes comprarlas a bajo costo para dar una imagen auténtica sin complicarte demasiado. Eso sí, es importante que tu presentación haga juego con el resto de los materiales, así que procura elegir una que puedas adaptar a tu imagen general.

Brochure

Vivimos en la era digital, pero no todas las personas con las que interactuamos están igualmente familiarizadas con las facilidades que esto representa. Siempre habrá quien prefiera un material impreso que pueda leer, doblar y subrayar que uno más frío e intangible en la pantalla de su computadora o celular.

Tener una noción gráfica desarrollada no es algo que todos necesitemos en nuestro trabajo, pero si es una cuestión que debemos tomar en cuenta, al menos de forma básica, a la hora de generar o contratar a alguien más para que realice este y todos nuestros materiales de comunicación.

No importa cuánta información cabe en el papel, sino cuánta necesitamos para comunicar lo que queremos. Recuerda que los materiales son un apoyo y no necesitan contar cada detalle de nuestros servicios. Utiliza encabezados atractivos que generen interés, viñetas que describan en pocas palabras la intención del mensaje e imágenes que lo refuercen. Por último, y aunque pueda llegar a costar trabajo, confía en la recomendación de los expertos.

Materiales inmediatos

La inmediatez a la que nos arroja el tiempo en el que vivimos nos exige encontrar recursos más eficientes que impliquen un menor esfuerzo por parte de nuestros interlocutores. Si sabes que lo único que tiene a la mano tu prospecto todo el tiempo es su celular, debes encontrar la forma de comunicarte con él y despertar su atención con un mensaje atractivo. Ya veíamos el tema levemente cuando hablábamos de networking.

¿Qué es importante cuidar en los materiales inmediatos?

- ### *Incluye sólo la información necesaria*

Nadie va a dedicar un minuto a leer el contenido de una imagen. Utiliza un encabezado llamativo, describe la información a grandes rasgos y cierra con un llamado a la acción. No caigas en la tentación de incluir datos de contacto, si estás utilizando el WhatsApp para enviar la información, tu prospecto sabrá en dónde encontrarte.

- ### *Mantén una imagen limpia*

Con frecuencia cometemos el error de cargar nuestros materiales con elementos que ensucian la comunicación. Cuida que todos los recursos gráficos y textuales que utilices sumen al mensaje que quieres compartir. Sé rígido con la evaluación y haz pruebas con tus contactos más cercanos.

- _No te conviertas en una respuesta automática_

Aunque son herramientas muy útiles, abusar de los mensajes prefabricados, aún cuando puedan estar hechos a la perfección, deja en los interlocutores una sensación de impersonalidad en el trato. Los materiales inmediatos son un recurso para facilitarle la vida a los prospectos, pero la conexión personal siempre será prioridad.

La suma de cada pequeño detalle a la hora de crear el Front Stage en el que recibiremos a nuestros prospectos es lo que generará la experiencia completa sobre la que construiremos nuestras propuestas. Vistos de forma aislada, algunos elementos pudieran parecer superfluos, pero la veracidad de un escenario radica en la riqueza de sus detalles, cuídalos.

LO ÚNICO INDISPENSABLE:
LA CONEXIÓN

Hemos visto temas de organización del tiempo, definición de prioridades, desarrollo intrapersonal, oferta de valor y redes de contactos; planeación, determinación, herramientas de convencimiento y definición de objetivos. Cada tema que hasta ahora hemos tratado es de suma importancia para construir, por un lado, nuestra base de trabajo y, por el otro, la experiencia que podemos brindar a las personas con las que pretendemos arrancar algún proyecto o negocio; pero, de entre todo lo que vimos, solamente un punto es indispensable para que nuestras ambiciones se concreten: la conexión.

Generar una conexión va más allá de los esfuerzos económicos que podamos hacer y las herramientas o habilidades con las que contemos. Como vimos en el proceso Face to face, la conexión aparece cuando le damos a nuestro interlocutor el mayor nivel de importancia en la conversación. Yo puedo tener la mejor propuesta del mundo, pero si no escucho lo que es importante para la otra persona, sus necesidades reales y el motivo por el que ahora me está dando la oportunidad de presentar mi proyecto, mi propuesta no será relevante. En la virtud de saber escuchar reside también la capacidad de interesarme de verdad en el tema y dar respuesta oportuna a lo que estoy escuchando.

Cuando una persona se muestra dispuesta a escuchar nuestra propuesta, existen dos posibles finales: la sensación de haber recibido una carga, o la sensación de haber obtenido un alivio. Si mostramos disposición y encontramos los puntos comunes entre nosotros y el prospecto, el tamaño de nuestra oferta y su necesidad pasan a segundo término, porque la persona se siente comprendida y sabe que enfrente tiene a alguien capaz de brindarle alivio, más allá de que la solución esté o no sobre la mesa en ese momento. En cambio, si nuestra propuesta le exige forzar la atención y su capacidad de involucramiento, todo lo que digamos representará una carga. A nadie le gusta permanecer escuchando a una persona con la que se siente desconectado.

Para que nuestra disposición sea real y nuestro prospecto encuentre en nosotros el alivio que busca, la única forma es que tengamos una entrega generosa, desinteresada y no basada en la recompensa que obtendremos del encuentro. Nuestros actos tienen consecuencias inminentes, directamente proporcionales a la intención con la que fueron gestados, y una acción que nace de la generosidad trae consigo consecuencias invaluables. En el mundo actual, es complicado encontrar actos desinteresados, que no basen su existencia en el reconocimiento o la recompensa tangible, y es precisamente por eso que como seres humanos valoramos la generosidad sincera de un apoyo auténtico y sin pretensiones. Este, en realidad, es un concepto que rebasa el ámbito profesional de nuestra vida; el Papa Juan Pablo II dedicó una encíclica completa para tratar el tema.

Si tenemos claro cuál debe ser nuestro objetivo principal y qué herramientas nos sirven para construir hacia allá, tenemos recorrida la mitad del camino. Dicho de otro modo, mientras mantengamos el enfoque de nuestros esfuerzos hacia la conexión como un acto desinteresado, generoso y honesto, el resto de las piezas irán encajando naturalmente. La otra mitad parece simple, pero requiere una voluntad de hierro para ser conquistada. Algunos le llaman persistencia; para mí no es más que repetición.

EN LA REPETICIÓN ESTÁ EL SECRETO

"Locura es hacer lo mismo una y otra vez esperando obtener resultados diferentes". Aunque no es una frase que Albert Einstein haya dicho alguna vez, como se cree comúnmente, sí es un pensamiento poderoso que nos sirve para mostrar una realidad: es imposible obtener un resultado distinto si se siguen los mismos procesos bajo las mismas circunstancias.

Esta cita, de la que en realidad se desconoce el origen, suele ser utilizada para evidenciar la terquedad de las personas, pero si le damos la vuelta y le ponemos un poco de humor, también podemos utilizarla para distinguir a quienes han sabido repetir lo que les ha funcionado hasta convertirlo en procesos estandarizados: cuerdo es aquel que hace lo mismo una y otra vez para obtener los mismos resultados.

No hay forma más sencilla de alcanzar el éxito que repitiendo las acciones que nos han dado resultado, es así de simple. Para incrementar los números positivos, los tratos cerrados y la apertura de nuevas oportunidades es de gran ayuda contar con un proceso estandarizado. Claro que las circunstancias no siempre son las mismas, y entonces es necesario hacer ciertas adecuaciones a nuestros procesos, pero incluso esa experiencia de saber cuándo se requiere un cambio nace de una repetición que no arrojó los resultados esperados, y si mantenemos una base constante siempre será más sencillo adaptarnos a lo que la situación nos exige.

La repetición genera disciplina, forja hábitos y nos deja aprendizajes claros. Ahora que ya hemos hecho un recorrido completo desde nuestro trabajo personal y el desarrollo integral de nuestros pilares hasta la identificación de prospectos de calidad y la importancia en la generación de conexiones; ahora que tenemos una estructura y enfoque de pensamientos claros para definir nuestros valores y caminar hacia nuestro destino; ahora que dentro de nuestra planificación existe la determinación como motor de movimiento, una locura sería no repetir el proceso una y otra y vez para vernos beneficiados.

Si hubiera que elegir un concepto para definir el secreto del éxito, yo elegiría este: la repetición en la generación de conexiones.

LA DERROTA ES VOLUNTARIA

Los beneficios que obtengamos de la repetición son una cara de la moneda que hay que apreciar y a la que hay que aferrarnos como bandera, pero eso no quita que exista la otra cara, una con la que tendremos que lidiar y de la que tenemos que aprender para seguir creciendo, incluso con la misma constancia de la repetición: el rechazo

Quizá lo hayas escuchado muchas veces, pero nunca son suficientes: el camino del emprendedor está hecho de fracasos. En el mundo comercial, el rechazo es una constante, y no puedes detenerte ni pasarte la vida lamentándote por las oportunidades que se fueron.

Las situaciones que nacen de circunstancias que no previmos suelen ser las que más nos frustran, pero es en esos momentos en los que más necesitamos mantener la cabeza fría para poder obtener el mayor aprendizaje posible y seguir adelante. Una forma sencilla de aprender a lidiar con el rechazo (y cualquier situación incómoda que se presenta en la vida) es preguntarte: ¿puedo cambiar algo de lo que ya pasó? Si la respuesta es no, nos tocará aprender y cerrar el capítulo; si la respuesta es sí, define cómo y ponlo en marcha. Reconocer las batallas que vale la pena luchar es una virtud que nos ahorra la frustración y guarda nuestra energía para lo que viene delante. De otro modo nuestros pensamientos se quedan en lo que no es real, quitándole fuerza a todo lo que sí forma parte de la vida y tenemos por realizar.

¿Hasta cuántas veces te puedes equivocar? Existen innumerables casos, con los que seguramente has tenido contacto, de personas que han construido su éxito con el material que obtuvieron de sus fracasos. Si crees que ya tuviste suficiente rechazo es porque te falta confianza en tu proyecto, y si te falta confianza en tu proyecto necesitas revisar cómo está construido, de dónde viene esa sensación de inseguridad con respecto a lo que estás haciendo. Cuando una persona está segura de que lo que está haciendo es posible, no existe un número límite de rechazos.

Sentir el dolor de una caída es inevitable. A nadie nos gusta la sensación de tener nuestra rodilla contra el pavimento, pero una cosa es dolor y otra, muy distinta, sufrimiento. El dolor se va a quedar con nosotros el tiempo que tenga que estar ahí, y es importante aprender lo que venga con él, pero quedarnos sufriendo y permanecer como víctimas frente a las circunstancias no solo es innecesario, además es improductivo.

De pronto pareciera que después de tener en la repetición el secreto del éxito nos quedamos sin ninguna garantía, pero no es así como funciona. Lo que sucede es que los fracasos forman parte del proceso, y aprender a sacarles el mejor provecho y contemplarlos como pasos hacia nuestro crecimiento también es parte de ser emprendedor. La derrota es voluntaria: sólo pierde quien no quiere aprender, no busca crecer o no sabe vivir.

EN POCAS PALABRAS

- Existen 4 pilares que sostienen nuestro paso por la vida: personal, profesional, físico y espiritual. No hay forma de crecer en uno sin impactar el resto de algún modo. Sólo el equilibrio en el desarrollo de los pilares nos permite un crecimiento integral, lo que se ve reflejado en nuestra capacidad de conectar y en el éxito de nuestros proyectos.

- Ubicarte en la realidad tomando la fuerza de tu pasado, la determinación de tu presente y tus anhelos a futuro es la única forma de definir objetivos claros, alcanzables y medibles.

- La planeación y la determinación son las muletas de apoyo de un emprendedor. Quien planea pero no se entrega con ahínco al cumplimiento de sus responsabilidades, no tiene oportunidad de alcanzar sus metas; de la misma forma, quien actúa con determinación pero no tiene al menos un plan sencillo de crecimiento termina en un lugar al que no quería llegar.

- No podemos generar el tiempo, pero sí podemos administrarlo de forma correcta para aprovecharlo al máximo. Define un calendario de actividades equilibrado de acuerdo con tus prioridades y cambia tus hábitos para cumplirlo, la productividad es una consecuencia natural del aprovechamiento de tus recursos.

- Para que las posibilidades de alcanzar nuestros objetivos comerciales jueguen a nuestro favor, es indispensable considerar tres factores: la calidad de nuestros prospectos, el desarrollo de un escenario adecuado y la generación de una conexión profunda a partir del entendimiento real de nuestros clientes. La suma de los primeros dos factores impulsa al único irremplazable: conectar.

- En la repetición de los procesos que establecemos para alcanzar nuestros objetivos, la aceptación del fracaso como parte de nuestro crecimiento y nuestra capacidad de conectar con los demás está la clave del éxito, no hay más secreto que ese.

DE EMPRENDEDOR A EMPRENDEDOR

1. El desarrollo integral es el único camino hacia la realizació

2. Entre un sueño y la realidad hay 3 pasos de distancia: planeación, determinación y conexión.

3. Conecta con tus prospectos, la venta es sólo una consecuencia.

4. Un emprendedor exitoso primero es un hombre reflexivo y autoconsciente.

5. Ser honesto es la forma más sencilla de estar en paz.

6. Más que un derecho o una obligación, la educación es tu responsabilidad.

7. Si no estás consciente de dónde estás, no importa cuánto avances, nunca sabrás si ya llegaste.

8. Mi vida es tan satisfactoria como lo que hago con mi tiempo.

9. La empatía es el camino hacia la conexión.

10. Sólo pierde quien no quiere aprender, no busca crecer o no

sabe vivir.

CONCLUSIÓN

La conexión es el único método que garantiza un crecimiento comercial estable, constante y duradero. Cuando conectas con una persona y te muestras al servicio de sus intereses de manera honesta, comienzas a construir el camino hacia una relación duradera y próspera.

Para conectar con los demás, primero es necesario conectar con nosotros mismos. Esto sólo se logra a través de un trabajo personal integral que abarque todas las facetas de nuestra vida y nos permita conocer en dónde estamos parados. Conocer nuestras fortalezas nos permite avanzar con determinación y confianza hacia la generación de nuevas conexiones que amplíen el impacto de nuestros servicios.

En el camino son bienvenidas todas las herramientas que nos ayuden a generar las conexiones que buscamos.

ACERCA DEL AUTOR

Jorge Martínez es un empresario mexicano que encuentra en la
determinación y la generación de conexiones el motor para el
crecimiento comercial. Su espíritu emprendedor lo llevo a dar la
vuelta al mundo en 1993 con un presupuesto de 9 dólares al día,
experiencia que transformó su enfoque y lo llevó a forjar un
método de trabajo que hoy comparte con el mundo. En 2011
recibió el premio Top Agent en Atenas, Grecia, y por mas de 10
años ha sido considerado entre los 10 mejores asesores en el ramo
de Vida de Seguros Monterrey.

www.ingramcontent.com/pod-product-compliance
Lightning Source LLC
Chambersburg PA
CBHW030656220526
45463CB00005B/1803